Richard V. Muth

Mittelhochdeutsche Metrik

Richard V. Muth

Mittelhochdeutsche Metrik

ISBN/EAN: 9783743352025

Hergestellt in Europa, USA, Kanada, Australien, Japan

Cover: Foto ©Thomas Meinert / pixelio.de

Manufactured and distributed by brebook publishing software (www.brebook.com)

Richard V. Muth

Mittelhochdeutsche Metrik

MITTELHOCHDEUTSCHE METRIK.

LEITFADEN

ZUR EINFÜHRUNG IN DIE LECTURE DER CLASSIKER

VON

RICHARD V. MUTH.

WIEN, 1882.
ALFRED HÖLDER,
K. K. HOF- UND UNIVERSITÄTS-BUCHHÄNDLER,
ROTHENTHURMSTRASSE 15.

HERRN

PROF. DR. RICHARD HEINZEL

IN WIEN

IN AUFRICHTIGER VEREHRUNG

GEWIDMET.

Vorwort.

Dies büchlein ist nichts andres und soll nichts andres sein als ein leitfaden für solche, die zum erstenmale an die lecture unserer mittelalterlichen classiker schreiten wollen. Dass es nicht auch andere benützen werden, darum ist mir gar nicht bange: für sie aber ist es nicht geschrieben. Eine mhde. metrik im vollen sinne des wortes kann nur auf historischer grundlage unter steter beziehung auf ältere form und übung, vornehmlich Otfrieds, gegeben werden. Davon ist hier nicht die rede. Dazu gebricht es auch vor allem noch an den notwendigen vorarbeiten über die beiden, den classischen zeitraum umschließenden übergangsperioden des XII. und XIV. jahrhunderts. Aber nicht einmal die festen regeln der classiker waren bisher in selbständiger form zusammengestellt: aus monographieen, einleitungen, anmerkungen, Lachmanns Iwein und Nibelungen, Haupts Engelhard, Sommers Flôre u. a. musste der anfänger mühsam genug die zerstreuten notizen zusammentragen. Hier liegt nun das materiale gesammelt vor als darstellung der regeln, wie sie von Hartmann bis Konrad in geltung und übung gestanden. Strengstens habe ich mich innerhalb dieser grenzen gehalten, höchstens in den beispielen sie ausnahmsweise, unter ausdrücklicher angabe des grundes in vereinzelten fällen überschritten: von reichem selbstgesammelten materiale aus Veldeke und Lichtenstein, die an den äußersten grenzpunkten meiner aufgabe stehen, aus diesem grunde beinahe keinen gebrauch gemacht; der äußerung eigener meinung habe ich mich fast gänzlich enthalten (in strittigem falle die gegnerischen ansichten vollständig exponiert, vgl. die note s. 90) auf die gefahr hin, den geschmackvollen vorwurf wieder zu ernten, dass ich nur das gefährte eines andren herrn vorkutschiere (Litt. centralbl. 1877, sp. 1223); denn, abgesehen davon, dass man das mit gleichem rechte jedem, der etwa eine grammatik oder eine logarithmentafel veröffentlicht, vorhalten könnte, erachte ich es für besser und nützlicher, die anerkannten resultate der forschung unserer altmeister in gemeinfasslicher darstellung zu reproduciren, als, wie dies allerdings in der gegenwart zu beliebter übung geworden ist, halsbrecherische originalhypothesen ohne jede vernünftige grundlage (Kürnbergerei) als beweis der eigenen, höchst problematischen genialität auf den markt zu werfen.

Die anregung zu dieser arbeit — mir durch fünf jahre, unter mancherlei unterbrechung und hemmung, deren nicht die geringste der völlige mangel aller anregung und hilfsmittel an meinem berufsorte ist, eine quelle vielfacher mühe und freude — gab mir zunächst das von mir nicht minder als allen andern, die sich dem germanistischen studium widmen, empfundene bedürfnis nach einer derartigen, zugleich vollständigen und verlässlichen zusammenstellung; verständnis und eifer aber entsprang mir aus Lachmanns metrik, die mir mit seinem gesammten Nibelungenapparate Z a c h e r, dem ich dafür nie genug danken kann, zur verfügung stellte, wie er sie im collegium des wintersemesters 1842/3 mitgeschrieben

und wie sie seither die quelle der meisten und besten
kathederdarstellungen des gegenstandes war. Wer also dies
mein büchlein mit lust und nutzen anwendet, weiß, wohin
er seinen besten dank zu kehren hat: nicht dass ich unmittelbar daraus geschöpft hätte (das wenige, was ich jenem
hefte entnommen, habe ich gewissenhaft ZnL: Zacher nach
Lachmann bezeichnet), als vielmehr, weil mir damals erst
die ganze bedeutung, größe und schärfe der Lachmannischen
metrik klar wurde. Ausschlaggebend für die inangriffnahme
der arbeit aber war die erwägung, dass die meister des
faches andres zu tun haben, als compendien in usum delphini
zu schreiben; einem anfänger aber wol maß und mut für
diese aufgabe mangeln möchten. *)

Der mängel seiner arbeit ist sich der verfasser sehr
wol bewusst — besser vielleicht als mancher, der jetzt als
gestrenger richter im Heidelberger „litteratur-", oder im
Leipziger „centralblatt" dieselbe als unnützes und wertloses
machwerk vom hohen rosse verurteilen wird: ich meine
jene herren, die in einem großen variantenapparate nur
eine variante auslassen, aber gerade die, die sich nicht
übersehen lässt und auf die es (als urkundlichen beweis
für des gegners meinung) ankommt (man vgl. beitr. z. d.
phil., Halle, 1880, s. 269 mit Bartsch' Nib. II. 1, s. 32). -

*) Über die einrichtung des buches bemerke ich: Es ist überall für
größte schärfe und klarheit der definition und formalbezeichnung sorge
getragen, wiederholungen sind nirgends gescheut (s. §. 37). Wo correcte und
fehlerhafte form nebeneinanderstehen, sind sie durch den druck geschieden,
erstere cursiv ausgezeichnet. Den regeln ist überall zur begründung der
hinweis auf die betreffende stelle der anm. zu Iwein etc., die vollständig
s. 122 zusammengestellt sind, beigefügt. Die beispiele, die im allgemeinen
überall die grenzen des erlaubten darstellen sollen, sind außer im §. 32 stets
an das ende des paragraphes gerückt und in jedem capitel fortlaufend
mit den buchstaben des alphabets (a, b ... y, z, aa, bb ...) bezeichnet;
wo es angieng und soweit es möglich oder nicht [wie z. b. §. 36 b)] praktische
rücksichten dagegen waren, sind sie sodann chronologisch angeordnet.

Es erübrigt mir noch der ausdruck freundlichsten dankes gegen meinen verehrten collegen, herrn gymnprof. dr. W. Toischer, der mich mit aufopfernder ausdauer bei der letzten redaction und correctur unterstützt hat, und so übergebe ich denn dies büchlein allen denen, die von der sache wirklich etwas verstehen, den nicht, wie weiland MHaupt sagte: *ad iudicandum quam ad intelligendum promtioribus* — er meinte Holtzmann; wir können nach Germ. 23, 365 ff. Eneit, s. LXXXIV. Behaghel sagen —, damit sie entscheiden, in wie ferne es solchen, die von der sache wirklich etwas verstehen lernen wollen, tauge!

Wiener-Neustadt, 26. 9. 82.

Dr. Richard v. Muth,
Professor an der niedöst. Landes-Oberrealschule.

INHALT.

	Seite
Vorwort	V
I. Betonung und quantitaet	1
§. 1. Gesetze der betonung	1
§. 2. Zusammensetzungen	2
§. 3. Schwebende betonung	3
§. 4. Quantitaet	5
§. 5. Nebenton	5
§. 6. Ausnahmen von der regel des nebentones	8
II. Versmessung und silbenzälung	11
§. 7. Versmessung	11
§. 8. Gesetz der einsilbigkeit der senkung	12
§. 9. Silbenzälung im verse	12
§. 10. Verschleifung	14
§. 11. Zusammenstoß zweier vocale: hiatus; elision; synaeresis; synaloephe (verschleifung)	16
§. 12. Wortverschmelzung: inclination; krasis	20
§. 13. Grammatische freiheiten: apokope; synkope	24
§. 14. Zur anwendung	28
III. Hebung und senkung	31
§. 15. Charakter der hebung	31
§. 16. Hebung und folgende senkung	31
§. 17. Charakter der senkung	31
§. 18. Betonung der hebung	32
§. 19. Tonloses e als hebung	34
§. 20. Senkung nach langer hebung	36
§. 21. Senkung nach kurzer hebung	38
§. 22. Lachmanns darstellung des verhältnisses zwischen hebung und senkung	40
IV. Besondere stellen im verse	41
§. 23. Auftact und versschluss	41

	Seite
§. 24. Auftact	41
§. 25. Freiheiten im auftacte	44
§. 26. Allgemeines über den versschluss	45
§. 27. Versschluss vor consonantischem anlaute	46
§. 28. Versschluss vor vocalischem anlaute	48

V. Reim 51

§. 29. Begriff des reimes	51
§. 30. Ungenauer reim	53
§. 31. Rührender reim	59
§. 32. Formen des reimes	62
§. 33. Erweiterter reim	69
§. 34. Stellung und anwendung des reimes	72
§. 35. Reimkünste	78

VI. Caesur 83

§. 36. Begriff und entstehung der caesur	83
§. 37. Metrische und grammatische übergänge: elision; enjambement	86
§. 38 Caesurreim	87

VII. Strophe 89

§. 39. Poëtische formen	89
§. 40. Lyrische strophe	92
§. 41. Epische strophe	99
§. 42. Nibelungenstrophe	104
§. 43. Hildebrands- und Rolandston	107
§. 44. Waltherstrophe	108
§. 45. Kudrunstrophe	108
§. 46. Rabenschlachtstrophe	109
§. 47. Titurelstrophe	110
§. 48. Strophe im jüngeren Titurel (zusatz: Lohengrin)	112
§. 49. Bernerton (zusatz: Winsbeke)	113

VIII. Leich 116

§. 50. Der leich	116
Leich Heinrichs von Rugge	117

Angezogene stellen aus litterarischen hilfsmitteln 122
Index über den brauch einzelner autoren und dichtungen 126
Definitionen 129

I. Betonung und quantitaet.

§. 1. Für die aussprache und den gebrauch mittelhochdeutscher wörter überhaupt gelten zwei gesetze, das der logischen und das der absteigenden betonung.

Nach dem gesetze der logischen betonung fällt der hochton — d. i. die stärkste und nachdrücklichste betonung, wodurch die betreffende silbe über alle anderen desselben wortes gehoben wird — auf die stammsilbe *(a)*.

Nach dem gesetze der absteigenden betonung sinkt der ton von der ersten silbe des wortes gegen den schluss herab, so zwar, dass die erste silbe die höchst- und die letzte die schwächstbetonte und jede silbe immer stärker betont ist als die nächstfolgende *(b)*.

a) pflégære, lében, lébendic, erwérben, gewúrnôt, künic, küniginne.

b) ándère, hóchvàrt, únvrö̀liche̥me̥.

Anmerkung. Der acut ´ ist das zeichen des hochtons oder der hebung im verse; der gravis ` das des tieftons, vgl. §. 5; der untergestellte punct ̥ das zeichen des verstummens. Ein bogen über oder unter zwei silben bedeutet, dass dieselben metrisch als eine einzige zu gelten haben: über die anwendung, vgl. §. 3 g).

Die doppelte setzung des gravis in dem letzten worte unter 1 b) soll nur die absteigende betonung veranschaulichen (in *únvrö̀liche̥me̥* sind -vrœ- und -lich-, beide silben, tieftonig: aber die erstere doch stärker betont als die folgende).

Da in wörtern, welche weder zusammengesetzt, noch mittelst vorsilben gebildet sind (für solche gelten besondere regeln), die erste silbe auch die stammsilbe ist, stehen in bezug auf selbe die beiden gesetze nicht im widerspruche.

Nach dem gesetze der logischen und absteigenden betonung trägt sonach in einfachen wörtern die erste als die stammsilbe den hochton.

§. 2. Für zusammensetzungen mit redeteilen, denen auch sonst selbständigkeit zukommt (insbesondere also bei der nominalcomposition) gilt das gesetz der absteigenden betonung, so dass das erste, das bestimmungswort, den hochton erhält (c).

Bei der zusammensetzung mit bildungssilben und formwörtern dagegen behauptet in bestimmten fällen die stammsilbe das übergewicht: sie werden somit nach dem gesetze der logischen betonung gesprochen.

Stets logisch betont sind die zusammensetzungen mit den nie der betonung fähigen partikeln *be, ent (en), er (ir, der), ver, ge, zer (ze)* (d).

Schwankend ist die betonung bei der zusammensetzung von zeitwörtern mit den trennbaren partikeln *durch, hinter, über, umbe, under, wider,* dann den praepositionalen *abe, ane, dar, vor, vür, gegen, hin, in, mit, nâch, nider, obe, ûf, ûz, zuo,* endlich den adjectivischen *volle (vol)* und *misse.* Als grundsatz gilt, dass diese vorsilben des hochtons fähig sind, ihn jedoch nur behaupten bei losem zusammenhange mit dem stammworte, d. h. als trennbare partikeln; als untrennbare aber, bei enger verknüpfung mit dem verbum, ihn an die stammsilbe abgeben (e).

Anmerkung. Von solchen verben abgeleitete nomina haben den hochton stets auf der vorsilbe.

In der regel hochtonig, daneben aber auch unbetont, „häufig in der erzälenden, in der liederdichtung durchwegs in dreisilbigen, öfter auch in zweisilbigen" (Pfeiffer, Walther, S. XLIV) sind die vorsilben *ant, un, ur* und das adjectivische *al,* namentlich in mehrsilbigen zusammensetzungen (f); doch berührt sich ihre freiere behandlung im verse mit dem im folgenden paragraph erörterten falle der versetzten betonung; als grundsatz lässt sich aufstellen, dass in dreisilbigen die vorsilbe den hochton stets abgeben kann, in zweisilbigen ihn normal behauptet, so dass der verlust des hochtones im

letzteren falle als eine, wenn auch zulässige freiheit erscheint (vgl. Germ. 3, 73).
- c) *dŭmůlle, hůsêre, swértmâge, vérchwünde, vérchwůnt, strŭtmůede, wégemůede, hůrnůschrů r, Márhvèlt* (die eigennamen gehören fast ausnahmslos hierher).
- d) *bewïsen, enbïeten, entrïhten, erkrïmmen, verlůs, genůoc, zerbrésten.*
- e) *überhében, ůnderwínden, vůllebríngen* aber *vůlbríngen, vůrkůmen* neben *vůrkómen, důrhlůhtec;* — *übermůot, widerspěl, wíderkêre, misselůt.*
- f) also zulässig *ůnvrö, ůnkraft, ůnmůre, ůrlómp; ůnrœllïchen* (aber vgl. oben §. 1 b); *ălröt* und *ălröt;* gewönlich *ălsö, ălsům,* seltener *ălsůs.*

Anmerkungen.
1. Als selbständige ausnahme merke man die betonung *bidérb* neben regelmäßigem *bŭlèrbe.* Sonst behauptet *bĭ-,* wo es ungeschwächt auftritt (geschwächt *be-*), den hochton. Beneke zu Iwein 3752.
2. Als regel merke man: *iedóch, iewéder.*
3. Fz. Pfeiffer hat Germ. 11, 415 f. vergebens zu beweisen gesucht, dass im verse die vorsilbe *ge-* in viersilbigen fremdwörtern, besonders participien *(gèlůrtíeret, gèparrícret),* betonungsfähig werde. Zarncke Nibl.[5] s. CVIII stimmt dem bei und nimmt derartige betonung besonders für Gottfried in anspruch. Es beruht dies auf verkennung der principien des mhden. versbaues, dem fehlende senkung und synkope gemäss ist, nicht aber, am wenigsten dem epischen verse, regelmäßiger wechsel zwischen hebung und senkung, den jene, antiken und modernen anschauungen folgend, für diese fälle annehmen.

§. 3. Bei eigennamen (die sonst wie alle übrigen substantiva behandelt werden), vornehmlich wenn sie aus dem romanischen stammen *(g),* bei fremdwörtern überhaupt, bei compositis, endlich im auftacte des verses auch bei andren zweisilbigen wörtern, am häufigsten praepositionen und pronomen *(h),* tritt eine unregelmäßigkeit der betonung in der weise ein, dass bei langer erster der hochton auf die zweite silbe rückt. Das wort ist dann so auszusprechen, dass der ton zwischen der ersten, des ihr gebührenden nachdruckes beraubten und der zweiten, über die normale stärke erhobenen silbe möglichst gleichmäßig verteilt wird; daher die bezeichnung versetzte oder **schwebende betonung**, d. i. die verteilung des hochtons auf die beiden ersten, ihrem tonwerte nach ursprünglich verschiedenen silben des wortes *(i)*.

Wiewol sich das gesetz der logischen betonung auf das metrische verhältnis der satzteile nicht übertragen lässt, rechnet man hieher doch jene (ziemlich seltenen) fälle, wo beim zusammentreffen eines einsilbigen, also an sich hochtonigen formwortes mit einem gleichfalls einsilbigen nomen oder sonst dem sinne der rede nach stärker zu betonenden worte dieses in die thesis, jenes aber in die arsis gesetzt werden muss *(k)*. Auch in einem solchen falle schwebt nämlich der hochton gleichsam zwischen zwei silben; ein wesentlicher unterschied aber besteht darin, dass hiebei nicht die zweite, sondern die erste silbe die erhöhte ist, die verrückung also nach vorwärts stattfindet (vgl. zu Erec 1036).

> Anmerkung. Für die schwebende betonung ist eine doppelte, in den folgenden beispielen zur anschauung gebrachte bezeichnung üblich: entweder erhält die erhobene silbe den acut oder der accent wird zwischen die beiden silben, nach dem die erste schließenden consonanten gesetzt.

g) *Walthér mit Hiltegúnde entrán. — dér von Bér'ne si rítert.* — Bei Hartmann sind betonungen wie *der kǘnec Artū́s* gewönlich (zu Iwein 137).

h) *trúhzǽzen únde schénken. — un'der die tǘre des hǘses sáz er ǘf den stéin. — míne vil lieben hḗrren.*

i) Bei kurzer stammsilbe erscheinen als oxytona nur die worte *owḗ* (doch vgl. Lexer 2, 194) und *nimḗ*, denen auch *ahī́* beizuzälen ist.

k) *jā wǣne díu nuht wélle ‖ úns niht wérn mḗr. — ir ist líp únde gúot* (so an einer stelle, wo zweisilbiger auftact: *ir ist líp únde gúot* nicht zulässig erscheint). — Vrouwd. 24, 19. *daz mīn lip sol ze Grǣze rírn.*

> Anmerkung. Völlige versetzung des tones, d. h. betonung der zweiten an stelle der stammhaften ersten, wenn diese kurz ist, muss als eine selbst bei metrischem zwange nicht entschuldbare freiheit erklärt werden, vgl. III. §. 21, anm.

Die ausdrücke versetzter accent und schwebende betonung werden gemeiniglich völlig synonym gebraucht; in der tat aber sind es doch verschiedene bezeichnungen, wenn auch der unterschied ein sehr feiner ist. Ein unterschied wird nämlich nach der stelle im verse fühlbar: im anfange des verses muß man den ton in der oben angegebenen weise schweben lassen, z. B.: hete iem'en gesé́it; am schlusse der verszeile ist das nicht möglich, hierselbst bedarf es vielmehr der größten praecision der aussprache: es tritt somit eine würkliche versetzung des hochtones ein: der hêrre Irëin — guot antwúrt (Greg. 2428). Über versetzung im reime vgl. §. 31. 1. 2.

Unregelmäßigkeiten in der betonung vier- und mehrsilbiger wörter s. §. 6.

§. 4. Quantitaet. Die verteilung des tones über die verschiedenen silben eines wortes ist abhängig von der quantitaet.

Der quantitaet nach ist eine silbe entweder lang oder kurz. Lange silben sind solche, die geeignet sind, ein vollständiges metrum im verse auszufüllen.

Lang ist eine silbe entweder von natur, d. h. durch ihren vocal, oder durch position, d. h. durch die silbenschließende consonanz.

Von natur lang machen also eine silbe die langen vocale á, é, í, ó, ú, die umlaute derselben æ, œ, iu und die diphthonge ei, iu, ie, ou, öu, uo, üe.

Position machen alle consonantenverbindungen (also auch ch und z), die tonlosen und gehauchten verschlusslaute mit ausnahme des tonlosen zahn- und des gehauchten kehllautes (t und h); oder position machen außer allen consonantenverbindungen c (= k), p, f, z (= ß); keine position machen b, d, g, h, t und die halbvocale.

§. 5. Nebenton. Die*) tonstärke der nicht hochtonigen silben eines wortes ist nicht gleich, sondern der ton wird über alle silben des wortes nach dem gesetze der absteigenden betonung unter berücksichtigung der quantitaet verteilt.

---

*) In den §§. 5 und 6 bezeichnet fetter druck eines e tonlosigkeit, den zweiten grad des nebentones, den dritten des tones im mhden. überhaupt.

I. Betonung und quantitaet.

Des hochtones ist im worte nur eine silbe fähig; neben demselben unterscheidet man aber mehrere stufen der tonstärke. Diese sind:

1. Der eigentliche nebenton oder tiefton:
derselbe tritt ein:
α) auf der bildungssilbe *(l)*,
β) auf der stammsilbe des zweiten wortes bei zusammensetzungen *(l)*,
γ) auf der vorsilbe in allen jenen fällen der zusammensetzung mit einer des hochtones fähigen partikel, die nach dem gesetze der logischen betonung gesprochen werden (§. 2 *e, f*);
2. tonlosigkeit, d. i. der dem tieftone nächstfolgende grad der betonung eines *e*, an erster stelle nach einer langen, an zweiter nach einer kurzen hoch- oder tieftonigen silbe *(m)*;
3. verstummen, d. i. der geringste grad der betonung eines *e* (zu *e* geschwächten *i* in der bildungssilbe -*ic*, -*ige*, die aber dann auch -*ec*, -*ege* zu schreiben ist) nach kurzer, höher betonter (hochtoniger, tieftoniger, tonloser) silbe; mitunter tritt völliges verschweigen ein, das nach liquida auch in der schrift ausgedrückt wird.

l) *héilic, wétlich, mínneclich; lóbelich, lóbesam; máregrâve.* — *mit wéinenden óugen.* — *suîdûnde wấfen.* — *dâ hôrt er béidenthalben‖ die vấnde stân.* — *mánegen sórgenden man.* — *daz kréftige gúot.* — *hiunische récken.* — *friuntlîche blícke und güetlîchen séhen.*

m) s. *l.*—*grấve, ríten; édeler.*

n) s. *l.*—*lében, úfhúben, mínneten, édelereme.*

Hieraus ergibt sich: wörter mit kurzer stammsilbe haben entgegen dem gesetze der absteigenden betonung den zweithöchsten ton auf der zweiten silbe nach der stammsilbe, und zwar ist diese silbe tonlos, wenn sie ein *e*, tieftonig, wenn sie einen vollen vocal enthält; ebenso die dazwischen liegende nach dem gleichen verhältnisse entweder stumm oder tonlos (vgl. §. 6) *(o)*.

o)ságete; küniginne.

Die regel des nebentones lautet demnach: in wörtern mit langer hochbetonter silbe trägt die derselben unmittelbar folgende *(p)*, in wörtern mit kurzer hochtoniger die zweitfolgende *(q)* den zweithöchsten ton.

Hienach lassen sich folgende grundsätze für die behandlung mehrsilbiger wörter aufstellen: 1. Betonter länge muss stets eine (wenn auch minder) betonte silbe folgen: 2. stumme folgt nur auf kürze; 3. nie können zwei silben unmittelbar neben einander stumm sein.

Anmerkungen.

1. Da im ersten falle die quantitaet der dritten silbe, im anderen die der zweiten einflusslos bleibt, ergibt sich für dreisilbige worte folgendes, für den versbau nicht gleichgiltiges schema, das wir nach den beiden kategorien anordnen, das sich jedoch, wenn wir noch die scheidung nach *o)* einführten, verdoppeln ließe.

p) — — — *wǽtlîchiu,*
— — ◡ *rîtènnes,*
— ◡ — *bluotìgiu,*
— ◡ ◡ *frägète;*

q) ◡ ◡ ◡ *klágetè,*
◡ ◡ — *mágedîn,*
◡ — ◡ *tùgendè,*
◡ ◡ — *klágendîn.*

2. Diese regeln gelten auch beim zusammentreffen zweier wörter mit tonloser schluss- und vorsilbe; es sind also zwei fälle zu unterscheiden: in *wŭrde getàn* sind die drei ersten silben absteigend betont; in *hàbent gesèit* ist das *e* der flexionssilbe stumm.

3. Zwischen tonlosem und stummem *e* besteht ein wesentlicher unterschied; verstummen des *e* ist aber wieder nicht gleich unterdrückung; es ist eben noch nicht richtig, deshalb, weil ein unterschied ist zwischen dem zweiten *e* im metrum *édel stèin* und *sénẹder árbeit,* das *e* im ersteren worte einem tonlosen gleichzustellen, wie dies Grein-Vilmar §. 66 geschieht. Die grosse kluft zwischen tonlosem und stummem *e* zeigt sich im reime, wo letzteres unterdrückt werden muß, indes das erstere noch zu einer zeit, da bereits klingende reime vorkommen, wenigstens im epos den reim allein zu tragen fähig ist, §. 32. III. anm.

Auch dass fast alle guten dichter — außer Hartmann — hiatus nach kurzer stammsilbe vermeiden, stimmt hiezu (in Nib. nur das formelhafte *rîde ûnde sûone*, neben dem XVIII b offenbar, weil der hiatus hart erschien, *búoze únde súone* bietet). Wo, namentlich in niederdeutschen beispielen, *e* nach sonst kurzer stammsilbe würklich tonlos erscheint, wie in einem liede Heinrichs von Veldeke MSF. 57, 10. *tage: klage = stunde: gunde*, 63,29. *gelobet: hobet = guote: muote* (von den herausgebern bezeichnet *tagé: klagé, gelobét: hobét*) ist immer unorganische verlängerung der stammsilbe (also = *tâge: klâge, gelôvet: hôvet*, womit zugleich, wie bei diesem dichter so oft, durch die umschreibung in niederdeutsche form die nur im hochdeutschen vorhandene consonantische ungenauigkeit behoben wird) anzunehmen (Germ. 3. 502), die ja auch in der caesur öfter vorkommt (§. 36). Ja das verhalten der epischen caesur und Veldekes bestätigt und stützt sich gegenseitig. In der caesur werden kurze monosyllaba als dritte hebung nicht, von Veldeke als stumpfer reim allein zugelassen, beweis genug, dass, da überschüssige stumme Veldeke als zu schwer, in der caesur aber — wenn auch nur ausnahmsweise — als ausreichend galt, die verlängerung nicht eine müßige annahme, sondern tatsächliche, in diesem falle notwendige lautliche erscheinung ist.

§. 6. Die ausnahmen von der eben entwickelten doppelregel müssen unterschieden werden, je nachdem sie sich auf die betonung eines wortes überhaupt (1.) oder auf den gebrauch eines sonst regelmäßig betonten wortes im verse (2.) beziehen.

1. Auch wenn die hochtonige silbe lang ist, ist die dritte silbe über die vorhergehende zu erheben, wenn diese ein tonloses *e*, jene vollen vocal hat *(r)*.

    Insbesondere zälen in der tonscala nicht die eines vollen tones unfähigen vor- (§. 2 *d*) und bildungs- (ableitungs-) silben mit *e (s)*. ZnL.

r) ermórderôt, ánderiu, Lánzelôt, ja selbst *Lánzelét*; im verse: *beslózzeniu capélle* (Lachm. Klschr. 333, 4).

s) ermórderôt, náchgebûr, hóchgezît, únbehûot, órdenùnge, júngelinc, sílberîn, zóuberære, mínnesànc, mínneclîche; im verse: *mánegen éllenthàften sldc*.

2. Die ausnahmen im verse beziehen sich auf den metrischen gebrauch drei- und viersilbiger wörter.

A. Dreisilbige.

α) Dreisilbige wörter mit langer stammsilbe und einem *e* in der zweiten entziehen sich mitunter dem gesetze der absteigenden betonung, indem sie den nebenton zwischen den beiden letzten schweben lassen *(t)*. „An dreisilbigen wörtern mit zwei längen vorn, also mit herabsteigendem accent, ohne silbenverschleifung einen versfuß zu sparen durch vorsichtig schwebendes betonen der tieferen silben, war schon in der zeit Otfrieds eine erlaubte freiheit, die unter den späteren nur der deutsche Nonus Konrad von Würzburg vermeidet, der nur glatte betonung sucht, nicht dass jeder vers seinen teil des gedankens und der empfindung leiste." (Lachm. zu Iw. 33 *s. 368, vgl. Haupt zu Engelh. 2647.)

β) Dreisilbige wörter mit kurzer stammsilbe hingegen unterwerfen sich dem gesetze der absteigenden betonung, wenn die zweite lang ist und vollen vocal, die dritte aber ein *e* hat; dann erhält die zweite den tiefton *(u)*. In diesem falle muss jedoch im verse die stammsilbe hochbetont (gehoben) sein, weil man sonst versetzten ton annehmen könnte, was dem gesetze der schwebenden betonung, die, wie oben entwickelt, nur bei langer erster möglich ist, zuwider wäre. (Lachm. zu Iw. 6444). (Über eine ausnahme im gleitenden reime s. §. 31 C.)

t) Iw. 33. *ze einen pfinges'ten geléit.*
 1667. *die sóld ich billick'er enpfán.*
Nib. 2019, 1. *do entwáfen'de daz hóubet.*
Kudr. 488, 1. *do ez úben'den begúnde.*
u) pflégære, diu tiure mánínge, diu gótinne Júnô.

Anmerkung. Der letzte fall mitunter, wiewol nur sehr selten, in fremdwörtern auch ohne rücksicht auf die quantitaet der zweiten, Iw. 6432 *über des palǎses bréite;* dann selbst in prosaischer rede und ausnahmslos bei (hauptsächlich nominal-) compositis, deren bestimmungswort ein kurzes monosyllabon, also *sperisen, álùmben.*

B. Viersilbige.

Viersilbige wörter lassen eine vierfache betonung zu [*]), indem ein einsilbiges bestimmungswort den hochton behauptet oder aufgibt, die zwei mittleren silben aber entweder absteigend oder schwebend betont werden, wobei im ersteren falle doppelter tiefton (") eintritt. Die vier Fälle sind demnach: 1. absteigende betonung, *márcgrǽvìnne*; 2. logische betonung mit tieftoniger erster, *àlméhtìger*; 3. logische betonung mit unbetonter erster *alméhtìger*; 4. endlich entgegen beiden gesetzen scandierende betonung der ersten und dritten, *márcgrǽvìnne*, *sùenwrìnne*, *verrátwrìnne* (cf. *junhérrelìn* Parz. 97, 13. *sùrapàndratèst* ebda. 50, 5) *álmehtìger*. Der dritte und vierte fall ist nur im verse denkbar und zulässig.

 c) Der vers Iw. 328 *ich unsǽliger man* kann nach allen vier arten gelesen werden:

  1. ich únsæ̀liger màn.
  2. ich ùnsǽliger màn.
  3. ich unsǽliger màn.
  4. ich únsæliger màn.

Am häufigsten erscheint die dritte form, doch auch die abnorme letzte ist häufig, seltener die beiden ersten. Nach Iw. 3870 *und zìct im únsprechènden grúoz* werden selbst sehr lose verbindungen scandiert, wobei freilich stets die auffassung als schwebende betonung zulässig ist, so. Laur. 1046 *zwéne wòl sìn'gende màn* (Beneke zu Iw. 1391. 3752. 3870.) Hierher gehört auch das seltene beispiel Walth. 56,12. *dâ vóne kǜme ich níemer. gnǽde, vróu kǘnginne!* Bei den adjectiven auf *-ic*, *-ige* wird das verhältnis compliciert durch die schwächung *-ec*, *-ege*, die verschleifung (s. u.) gestattet. Konrad von Würzburg verwendet nicht einmal dreisilbige dieser art regelmäßig, nämlich nach absteigender betonung, um ja den ausfall einer senkung durchaus zu vermeiden. (Haupt zu Engelh. 2647 wo in dem verse *âz dem heiligen paradîs* nicht gelesen werden darf *héiligen*, sondern entweder

---

[*]) theoretisch, nicht in jedem einzelnen falle; andrerseits ist der unterschied zwischen der zweiten und dritten betonungsweise ein rein praktischer, der erst durch das unter *v* gegebene beispiel klar wird.

ûz dem héilegen páradîs, oder *ûz dém heiligen páradîs*.) Nebenton erhält diese ableitungssilbe bei Konrad überhaupt nur bei kurzem stamm, *lébendic*, oder im trochaeischen schema, d. h. bei vortritt eines betonten compositionsbestandteiles *dúrhliuhtigen*, *mórtgirigen*, *álmehtigen*.

Beispiele, sämmtlich aus den Nibelungen:

Nib. 54, 4. *doch hât der künec Gúnther   vil mánegen höchvertigen mán.*
795, 4. *ich múoz unvrælîchen stân* (oder aber *únvrælîchen*).
1100, 2. *dô wárt diu márcgrávinne   trûric únde hêr.*
1170, 4. *die ánderen dô wol hôrten   den ir ungwílligen múot* (eigentlich fünfsilbig).
1494, 4. *des léit er vón dem dégne   dén swertgrímmigen tôt* oder *dén swértgrímmigen tôt.*
1997, 4 B. Ebenso: *dér mortgrímmige mán.*

II. Versmessung und silbenzälung.

§. 7. Verse überhaupt entstehen durch rhythmische anordnung der redeteile, d. h. durch einen regelmäßigen wechsel stärker und schwächer betonter silben. Die stärker betonten silben bilden die hebungen, die schwachen die senkungen (arsis und thesis) des verses.

Deutsche verse werden gemessen nach der anzal der hebungen: zunächst ohne rücksicht auf die qualitaet des rhythmus (übergang von der arsis zur thesis heißt fallender, von der thesis zur arsis steigender rhythmus) und immer ohne rücksicht auf die quantitaet der arsis.

Anmerkung: Die hebungen werden bezeichnet wie der hochton durch den acut: mitunter, ja gewönlich, pflegt man tieftonigen silben, wenn sie die hebung tragen, den gravis zur bezeichnung auch dieses verhältnisses zu belassen. Da jedoch ein unterschied in der metrischen geltung der hebungen nicht besteht, dieselben vielmehr ohne rücksicht, ob sie auf eine hoch- oder tiefbetonte oder selbst tonlose silbe fallen, gleichwertig sind, die bezeichnung also rein metrische bedeutung hat, ist diese unterscheidung hier als zwecklos und beirrend aufgegeben: **die hebung ist somit ausnahmslos durch den acut ausgezeichnet**, also in normaler prosa *Kriemhílde*, aber im verse *ez tróumde Kríemhílte*.

§. 8. Neben der anzal der hebungen ist die der senkungen für die beurteilung des altdeutschen verses gleichgiltig, doch gilt für den mittelhochdeutschen vers das gesetz der einsilbigkeit der senkung, d. h. zwischen je zwei hebungen darf nur eine senkung stehen und diese muss überall außer an der stelle vor der ersten hebung, für welche besondere bestimmungen bestehen (s. IV. „aufact"), einsilbig sein.

Anmerkung: Diese „rhythmische beschränkung" ist keine notwendige oder natürliche folge aus dem begriffe der senkung, sondern das charakteristische grundgesetz der mhdn. metrik, welches allein von allen keine ausnahmen duldet; denn die dactylischen verse, die hie und da vorkommen, mit denen aber selbst die formgewandtesten meister keine vollen erfolge errangen, weil sie eben dem principe des mhdn. versbaues widerstreben (Lachm. Klschr. s. 332), können nicht als ausnahme gelten; sie sind nämlich nicht nach dem grundsatze der messung nach hebungen, sondern nach dem roheren der silbenzälung gebaut. Dass sie dem mhdn. verse widerstreiten, zeigt sich darin, dass sie in den meisten fällen (ausnahmen unter den beispielen*) entgegen dem baue des antiken dactylus, bei dem die zweite kürze kräftiger ist als die erste ($^5/_{16} + ^3/_{16} + ^5/_{16}$), so angelegt sind, dass die erste senkung überwiegt ($^5/_{16} + ^5/_{16} + ^3/_{16}$): *úns hất der wínter geschấdet über al.* Häufiger werden solche verse erst seit Nithart.

Nith. 61, 18. *dise trüeben tage,*
dír zuo léitlichiu klage
hánt mir vréude benómen. Vgl. ebda. XVIII. 11, 22. XIX. 11, 22.
* *der winter was lange.*
* *vil schöne ze wálde.*
ze schálle und ze ruome.
* *dés wúndert mich sére.*

§. 9. Aus dem gesetze der einsilbigkeit der senkung folgt durchaus nicht, dass durch die zal der hebungen auch die zal der silben eines verses bestimmt sei. Hier gelangt vielmehr die quantitaet zur geltung: es kann sowol eine lange silbe für hebung und senkung zälen als auch zwei kurze für eine hebung, ja unter umständen selbst für eine senkung, so dass ein versfuss ein- bis viersilbig sein kann.

(Es ist also zwischen grammatischer und prosodischer einsilbigkeit scharf zu unterscheiden.) Mit anderen worten:
1. die senkung zwischen zwei hebungen kann ganz fehlen;
2. zwei silben können nach bestimmten regeln metrisch für eine (hebung oder senkung) gezält werden.

Das gesetz der einsilbigkeit der senkung zwingt überdies, wenn man dem satzban, der periode nicht gewalt antun will, mitunter stärkere kürzungen am ende oder in der mitte der wörter vorzunehmen.

Im allgemeinen gilt neben dem princip der quantitaet und in folge desselben das princip des musikalischen vortrages, wonach zwei kurze silben ebensolange zeit zur aussprache erfordern als eine lange, d. h. eine solche, die allein geeignet ist ein ganzes metrum, das aus wenigstens zwei pausen besteht, auszufüllen *(a)*.

Folgende verse sind demnach metrisch von gleicher länge (drei hebungen mit stumpfem schlusse):
a) sprich Dánewárt. — ûz Íslánt.
sprách dô Dánewárt.
jámer álsô gröz.
der vórht ist úl ze vil.
ze Tènemárken kòmen.
daz he swârte im den múot.
hât min mùome dir gelógen
die kùnege unde óuch ir mán.

Ebenso sind gleichwertig folgende verse (vier hebungen mit stumpfem schlusse):
dúrch dich mít im (Nib.). — *láne, schárpf, gröz, bréit* (Iw.). — *únrëht hîrát* (Frîd.).
die ron' kindes júgent sîn prîs erstréit.
mich en hábe diu áventiure betrógen.

Mit rücksicht auf die möglichkeit klingendes schlusses und den auftact kann also ein vers von vier hebungen vier bis achtzehn silben zälen: gewönlich bewegt er sich innerhalb der grenzen von fünf bis eilf silben; längere verse sind selten, ebenso das fehlen aller senkungen.

Die fälle, in denen zwei silben metrisch für eine gerechnet werden müssen, lassen sich in vier gruppen*) scheiden:
  I. Verschleifung zweier kurzer, durch einen consonanten getrennter silben (§. 10 *b—c)*.
  II. Zusammenstoß zweier vocale. §. 11.
    1. Elision *(h)*.
    2. Synaeresis *(i)*.
    3. Synaloephe *(k. l)*.
  III. Wortverschmelzung, §. 12.
    1. Inclination *(m—o)*.
    2. Krasis *(p)*.
  IV. Grammatische freiheiten, §. 13.
    1. Apokope *(q—t)*.
    2. Synkope *(u—w)*.
    3. Abwerfung mehrerer silben oder schwere verschleifung von stammsilben *(x, y)*.

§. 10. **Verschleifung.** Zwei kurze, nur durch einen einfachen, nicht position machenden consonanten (§. 4) getrennte silben können verschleift werden, so dass sie metrisch einer einzigen gleich gelten, und zwar auf der hebung, wenn wenigstens in der zweiten, in der senkung, wenn in allen beiden e steht; dieser letztere vorgang heißt *synizese* (zur Klage, s. 293).

Notwendig ist die verschleifung am schlusse des verses im reime, dann überall dort, wo auf solche zweisilbige hebung eine senkung ausdrücklich folgt (zu Iw. 651. 1159).

So wie das gesetz der absteigenden betonung (§. 5. anm. 2) ist diese regel nicht nur auf das einzelne wort, sondern auch beim zusammentreffen mehrerer wörter anwendbar, d. h. verschleifung ist auch möglich zwischen der schluss- und anfangssilbe zweier wörter, wofern sie nur durch einfachen, nicht position machenden consonanten getrennt sind.

*) Im folgenden ist durchaus verschleifung, gleichgiltig ob in der hebung oder senkung, durch die schlinge über der zeile: *flŭgene, krĕftŏger*; elision und synaeresis durch die schlinge unter der zeile: *rêkte ermánt, wi si'einen*, bezeichnet.

Es ergeben sich somit drei fälle:
1. Die beiden zu verschleifenden silben stehen in einem worte *(b)*;
2. das erste wort lautet aus auf tonloses *e*, das zweite beginnt mit einfachem consonanten *(c)*; sogar bei zwei, an sich des hochtones fähigen formwörtern *(d)*;
3. das erste wort lautet aus auf einfachen consonanten, das zweite beginnt mit einer tonlosen, mit *e* anlautenden vorsilbe. Dieser letzte fall gilt als eine fast unerlaubte härte *(e)*.

b) ein *álsô kréfteger dônreslíc*. — *ir hábet mich réhte ermánt* (§. 11 *i*). — *der vógt vón dem Ríne kléidete síne mán*. Parz. 520, 5. *der héte sín üfem wége erbíten*.

Nib. 13. *Ez tróumde Kriemhilte in tügenden, dér si pflác, wie si einen* (§. 11 *k*) *válken wilde züge máneyen tác, den ir zwên árn* (§. 11 *h*) *erkrúmmen daz sí daz máoste séhen; ir enkúnde in* (§. 11 *i*) *dírre wérlde nímmer leider sín geschéhen.*

c) *swaz mán der wérbénden nách ir mínne gesách*. — *unz in diu wilde várwe verlíe* (besonders häufig am schlusse des verses, wenn dieser mit dem ende des satzes, praedicatsverbum mit unbetonter vorsilbe, zusammenfällt).

d) *ez entúo dánne der töt*. — Nib. 174, 4. *daz in ir übermüeten wérde ze sórgén bewánt*. — *an'twurte dem küneye*. — *er wirt ein dégen mære ze síner hánde*. — *ze dem, ze der* = *zem, zer*. Nicht immer ist es leicht die grenze zu ziehen gegen die inclination (§. 12 *m*) und synkope (§. 13 *t*): ob also zu lesen sei mit verschleifung *ímbe den* oder incliniert *ímben*, ob *in der sêle genás* oder synkopiert *gnás*? Die sorgfältigste beachtung des brauches jedes einzelnen autors ist somit geboten.

e) Iw. 3276. *íne brücken ergíhen*. — 6023. *und wil si ir* swéster entérben. (zu Iw. 1159, *s. 407: s. übrigens die anmerkg. zu §. 28).

Anmerkung.

1. Unzulässig sind in der senkung fälle, in denen der erste vocal tönend ist, also nicht: sus bât si genûoc, sondern *sus bât si gnûoc* (§. 13); ebenso ist das tonloswerden eines formwortes nur zulässig bei consonantischem, nicht bei vocalischem anlaut (consonantischem auslaut des ersten wortes), also nicht gerinwet ez, sondern *geriuretz* (§. 12, m). — Der vers *dem meier und sînem wîbe* ist mit vier hebungen zu lesen und dann zu schreiben *dem méier únde sînem wîbe;* in dem verse Nib. 1850, 4 *des muose daz kint ersterben* ist mit schwächung zu schreiben : *des múose dez* (lies : *múosez) kint erstérben.*

2. Die formulierung der regel oben ist insoferne nicht ganz scharf, als positionslänge des zweiten e nicht berücksichtigt, also eigentlich nur schwäche, nicht kürze erfordert wird, s. o. *lúgende, hábent, swéster entérben:* Nib. 1096, 4 *dau dâ ze Rîne hábest getân.* Allerdings aber ergibt sich aus den erörterten verhältnissen, dass stammsilben nur auf der hebung, in der senkung (mit ausnahme der formwörter) nur bildungssilben zur verschleifung gelangen.

3. Hierher zu zälen wäre eigentlich auch §. 13. y. 1), unterdrückung eines tonlosen e vor liquida, ein rest der echten althochdeutschen verschleifung. Der fall ist aber nur in der übergangslitteratur häufiger (Bartsch, Rôther s. LXXXIII), bei den classikern so selten, dass er besser unter die abnormen freiheiten gestellt wird.

4. Die wörter mit der stammsilbe *iuw* und das wort *vrouwe* erfahren eine verkürzung der stammsilbe, also *iwer riwer riwe triwe vrowe,* und können dann, wie jedes wort mit kurzer stamm- und tonloser endsilbe, auf der hebung verschleift werden; sie sind insoferne (und fast die einzigen) ancipites, als sie mit kurzer und langer stammsilbe vorkommen.

§. 11. Zusammenstoß zweier vocale. Hiatus. d. i. das zusammentreffen zweier vocale, so dass der eine auslaut, der andere anlaut ist, ist im allgemeinen gestattet. Mit ausnahme einiger für-, vor- und bindewörter, des verstärkenden -*â* und des in der nominalen flexion ziemlich seltenen -*iu* kennt nun das mhde. keinen anderen vocalauslaut als *e* (doch vgl. die beispiele unten): man kann daher den hiatus definieren als das zusammentreffen eines kurzen *e* mit vocalischem anlaut (Haupt zu Engelh. 716). Derselbe wird nun von allen Dichtern wol nach langer *(f)*, von manchen nach kurzer stammsilbe *(g)* dagegen nicht geduldet. (Zu Iw. 7764, auch 6317; Wilmanns zu Walth. s. 49 fg.)

Auslautendes kurzes *e* kann **nach** der senkung in die folgende hebung elidiert werden, also: **elision ist der abfall des auslautenden *e* vor** vocalischem anlaut *(h)*. Von derselben werden zumeist wörter betroffen, die eine verkürzung leicht zulassen, verba noch häufiger als nomina; zu bemerken sind gewisse, formelhaft werdende verbindungen mit *ân umb unz wær wolt solt, wæn ich, dann er*. Die elision betrifft weit häufiger tonloses, als stummes *e*; man kann sagen, sie trete nach kurzer stammsilbe nur selten ein; in den Nibelungen findet sie sich überwiegend nach hilfsverben und dreisilbigen wörtern; *der marcgrâve underwint*, bei zweisilbigen fast nur im auftacte (vgl. Walth. 19, 13 *rôs âne dorn, rôs* für *rôse* in der senkung ist sehr empfindlich); einzelne dichter hingegen wagen starke verkürzungen (so Hartmann Iw. 7438 *des sorg ich: daz minn ich**), am häufigsten vor *unde*; selbst bei Konrad von Würzburg liest man *mâg ûnde mîn*. (Zu Iw. 7438.)

Auslautendes kurzes *e* kann **in** der senkung mit dem folgenden anlaut verschmolzen werden; man nennt diesen vorgang synaeresis, also: **synaeresis ist die verschmelzung des auslautenden *e* mit** vocalischem **anlaut** *(i)*.

In dieser weise können aber auch einige einsilbige formwörter mit **langer** stammsilbe behandelt werden; es können jedoch nur kurze silben verschmolzen werden, da dies die flüchtigste art der aussprache, also der feinste gegensatz zu natürlicher länge ist; somit müssen diese wörter einer verkürzung unterworfen werden (sie dürfen daher auch in diesem falle nie das zeichen der länge tragen), die synaloephe heißt, also: **synaloephe ist die**

---

*) Der doppelpunkt ist, was ein- für allemal bemerkt wird, zeichen der reimbindung.

schwächung eines auslautenden langen vocals vor vocalischem anlaut *(k)*. Sie kann eintreten (zu Iw. aao.) bei *bî dâ dô dû jâ sî (sie eu* oder auch, wiewol seltener bei *sî -sît) sô wâ swâ;* nicht zu unterscheiden von der inclination (§. 12 *m*) ist sie bei den diphthongischen monosyllabis *die diu hie wie swie*. Im auftacte ist die synaloephe auch zulässig vor consonantisch anlautender unbetonter vorsilbe (obwol man dann mitunter auch synkope (§. 13) annehmen hann) und der negation *ne (l)* (vgl. übrigens §. 25, anmkg. 2).

f) küene únde bált. — wünne áne máze. — vérre úf dem sê. — vor líbe únd vor gúote. — svér sí réhte áne súch. — ritterschéfte únderwánt. — ê er sí betwánc. — si héten dû ir vríunde. — si sínt iu álle vrémde. — vrô enwás da niemen.

        Iw. 1515. *daz ich zuo in gegíngen bin.*
               1518. *hin gienc si únde liez in dâ.*
               4794. *áls ich iu gelóbte ê.*
    Walth. 96, 21. *ez sî ein sie, ez sî ein ér.*

g)   Iw. 318. *und einen schúalen cláge ich.*
              3122. *daz úntriuwe úde úngemách (geschæhe).*
    Nib. 2027, 4. *vrúde únde sûone sol iu vil gár versûget sîn.*
           997, 1B. *dri táge únd dri náhte.*

h)   Iw. 2889. *und berêlhet ir liut únde lánt (§. 3, k)*
    Nib. 235, 2. *ze júngest únd zem érsten.*
        394, 14. *mügtlícher zúhte sih ich den dégen rich.*
        838, 3. *an Sírride iwerm mán.*
        2195, 1. *der hérzoge ûzer Bérne,*
        2239, 4. *von éines kúneges (§. 10, b) handen líg ich hie hêrlíchen tôt (lig ich hie hêrlíchen = i?)*

    Walth. 43, 19. *kund ich die máze als* (i) *ich enkán.*

i) genáde an in begán. — man cúrht ir hérren zórn.
        Iw. 5481. *ir wille enwære ie mîn gebôt.*

Walth. 46, 9. *und hête ouch noch, gesêhe ich dáz.*
Parz. 278, 1. *(swie mir) geschǽhe, in gǘnde in trǘrens nĩht.*
343, 20. *dem dóch sîn (§. 13) rǽise ist únrewért.*
767, 10. *sô ist din nǽme rérre erkánt.*

h + i) Durch synaeresis und elision geht ein zweisilbiges wort ganz verloren: Iw. 76. *ze gemǘche in ére stúont sin sin.*

k) Iw. 7462. *swa ez mich niht súle kránken.*
Nib. 54, 3. *so ich áller béste kán.*
710, 1. *do erbéizten sí ze tál.*
1783, 4. *daz si úngetríuliche'' eil gérne héten getán.*
Walth. 51, 8. *diust (p) niht gúot da ensí ein ánder bí*
55, 30. *nú wil ich schóuwen, ób du iht tǽgest.*
121, 20. *wie lánge ich (i) wélle hí'ir belíben* (der seltenere fall der synaloephe auf der hebung — ebenso im folgenden beispiele, wo zugleich bezeichnung in der schreibung, vgl. jenes *dez* für *daz*, §. 10. anm. 1.)
Parz. 742, 11. *mit kúnst si de'arme erswúngen* (i).
19. *wǽrn (§. 13) se ein ánder bíz bekánt.*

l) Iw. 7451. *so gewín ich níe so grǿze nót.*
Nib. 669, 1. *si versúohte án den kúhnec.*
833, 2. *dine wéssen niht der mǽre.*
Kudr. 137, 3. *so getrúuwe ich* (i) *wol versúenen.*

Anmerkungen.

1. In bezug auf den hiatus ist der gebrauch der einzelnen dichter sehr verschieden: Hartmann liebt ihn nach kurzem stammvocal, Konrad meidet ihn selbst nach langem; noch weniger ist bei diesem statthaft der hiatus von e zu e, dagegen jeder vor dem wörtchen *unde* (s. o.). Bei Konrad ist weiters unzulässig der fall *l)*, der doch selbst in den metrisch so überaus zarten Nibelungenliedern ganz gewöhnlich ist (zu Engelh. 275).

2. Besonders zu bemerken sind jene Fälle, wo sich die elision über die grenze des halbverses („elision auf der caesur", worüber im paragraph über die caesur mehr) oder gar des verses erstreckt (zu Nib. 319, 1).

Nib. 319, 1. *úrloup nemen wilde | ouch Sivrit ein hélt gúot*
(lies *wíldóuch: ouch* zum ersten halbverse
gezogen).
MSF. 3, 16. *Mich dunket niht so guotes*
noch sô lobesam,
sô diu liehte rôse
und diu minne mines man (lies *rôsúnd*).
Nith. 49, 10. *Dô der liebe summer*
urloup genam,
dô muose man der tänze
ûf dem anger gar verphlégen (lies *tänzûf*,
Haupt zu Nith. s. 155).

3. Die **synaloephe** ist nicht bei allen oben angeführten wörtern gleich gebräuchlich; am üblichsten bei *dô* und *ja*, ist sie bei *bi* und *si* (3 praes.) fast eine härte. ZnL.

4. Martin hat gramm. §. 28 die regel formuliert, dass elision vor der hebung durch die schrift—auslassung des *e*— bezeichnet werden müsse, außer bei dreisilbigen wörtern, bei denen *e* immer geschrieben werde. Von einer allgemeinen anerkennung dieser regel ist aber keine rede, sondern die herausgeber, Lachmann an der spitze, folgen dem freilich sehr elastischen grundsatze, schwierigere fälle zu bezeichnen, vgl. die oben unter *k*) aus dem Parzival gegebenen beispiele, so jedenfalls *gńoten túc bes ánde gúot*, ein vers, der freilich ausnahmsweise weitgehende freiheit zeigt. Solche beispiele sind aber selten; die guten dichter kürzen, wenigstens in der senkung, selten andere formen als partikeln und nebentonige flexionssilben längerer wörter. Lachmann schreibt den vers Iwein 6412. *und ruoche in selde unde ére geben*, die synaeresen nach der ersten und zweiten hebung nicht, dagegen wol die elision in die dritte und die verschleifung auf der vierten bezeichnend, ganz exact: *und rúoche in sélde und ére gébn*; aber derselbe schreibt Nib. 942, 1 *ich bríng in in daz lánt* und beidemale bezeichnend Nib. 53, 2 *án édeler vróuwen minne wóld ich immer sín*.

§. 12. Wortverschmelzung. Einsilbige, an sich demnach des hochtones fähige wörter können, in der hebung sowol als in der senkung, mit dem nächsten worte unter verlust ihres eigentümlichen vocals und bewahrung des an oder auslautenden consonanten so eng vereinigt werden, dass sie ihre selbständige geltung als zälbare silben im verse einbüßen.

Geschieht diese vereinigung so enge, dass der vocal des angelehnten wortes völlig verloren geht, so heißt sie inclination *(m u o)*; erleidet aber der vocal des wortes, mit welchem die vereinigung vollzogen wird, eine unorganische verlängerung oder anderweitige veränderung, so nennt man sie krasis *(p)*.

Die gebräuchlichsten krasen sind *deist dêst* = *daz ist*, *deizwâr* = *daz ist wâr*, *deich* = *daz ich*, *deiz deis* = *daz ez, es*, *dâst* = *daz ist*, *deir* (zu Nib. 1070.) *dêr* = *daz er* (zu Iw. 504), *êst* = *ez ist*, u. ä.: mitunter aber ist, wie bei *diust* = *diu ist*, *wier* = *wier*, u. ä., zwischen inclination und krasis ein unterschied überhaupt nicht festzustellen.

Die inclination kann erfolgen an das vorhergehende wort, enclisis *(m)*, oder aber an das folgende, proclisis *(n)*: der erstere fall ist der ungleich häufigere.

Mitunter gehen bei der inclination entweder dem worte, an welches angelehnt wird, oder dem angelehnten worte consonanten mitverloren: *i'u* = *ich iu*, *sküneges* = *des küneges* *(o)*.

Enclisis erfahren vornehmlich die wörtchen *daz deme den* (acc.) *er ez es ime in dâ si* (pron.) *ist*, die negation *ne* oder in der umstellung *en*, seltener die praepos. *in*; proclisis erfahren — „praefigiert werden" — die formen des artikels, die negation nur in der umstellung; letztere und die form *des* auch vor consonantischem, die übrigen nur vor vocalischem anlaut.

Die negation lehnt sich vornehmlich gerne an pronomina oder vor verba; die pronomina vereinigen sich namentlich mit praepositionen: *ine erne sine* u. ä.; *afme anme ame inz widerz hinderz anz mittem zem zer zen* u. v. ä.; pron. mit pron.: *i'uch* = *ich iuch*, *i'm* = *ich im*, *i'un* = *ich iu in*, *erm* = *er im*, *dun* = *du in*, *sin* = *si in*, *erz ers dirz dirs siz* u. s. w.; letztere nicht bei allen dichtern, lieber nach kurzer stammsilbe als nach langer, am liebsten nach liquiden (zu Engelh. 38, Flôre 146). *ez* erscheint angelehnt fast nur in der synalocphe und an die 3. sing. des verbums (zu Flôre 812), dann aber, ebenso wie *es* und *in*, selbst im reime (zu Iw. 1207, 2112, 5429): *mohter: tohter*, *kusten: brusten*. selbst *verstênes: Vrîenes*, *mirs: wirs* (zu Engelh. 3880, vgl. unten §. 32, *n*), wo auch weitere beispiele). Wieder ist der brauch der einzelnen autoren sehr verschieden: dass Konrad v. Würzburg *im* und *in* nicht an consonantischen auslaut lehnt (zu Engelh. 430), ist weniger merkwürdig, als der unterschied, den Konrad Fleck zwischen dem sing. und plur. des pron. *si* macht, indem er den singular, bei ihm *si*, nur vor vocalen kürzt, den plural, bei ihm *sie*, wol auch vor consonanten, aber nur in anlehnung an verba (zu Flôre 49).

 m) Reinmar 153, 12. *solt i's alsô die lenge pflegen, in gertes*
 (MSF.)
               niemer baz.
  160, 4. *dâ heb i'z ûf und legez hin wider,*
         dâ ichz dâ nan.
  169, 9. *mirst ein nôt vor allem minem leide.*
  176, 12. *sô bistuz diu fröude mîn.*
  Iw. 1223. *des sagterr guâde unde danc* (= *er ir*),
   5189. *und suochtes mitten ougen* (= *si mit den*).
   6542. *nu wîsez ouch alsô spâte.*
 Nib. 224, 4. *tuostuz âne lougen.*
  418, 2. *einen vil scharfen ger dens zallen* (n)
       ziten schôz (*si* = ea).
  440, 2. *er gruoztes minnecliche* (*si* = eos).
  788, 2. *hât er sichs geriiemet.*
  1980, 2. *daz viwer ûz den ringen houwen erm*
            began.
  2133, 2. *getörst ich dirn gebieten.*
  2188, 4. *dô gestuont ins der degen.*
 Walth. 35, 18. *ichn kan niht riuten.*
  91, 31. *dazt an vröuden niht verdirbest*
         (= *daz du*).
 Parz. 169, 29. *er saget im gar die underscheit,*
    wier von sîner muoter reit,
    umbez ringerl unde umbz fürspân
    und wie erz harnasch gewan (im vorletzten verse ist synaeresis unzulässig; denn dann würde die senkung

II. Versmessung und silbenzälung.

dreisilbig, also hiatus: *unde ûmbz fürspǽn*, wenn wir nicht etwa die zweite praep. einem schreiber verdanken.)

Parz. 277, 30. *swie mir von Oriluse leit
geschwhe, in gunde in trûrens niht
noch engetuon, swa'z geschiht.
mirst liep daz ir die hulde hût.*

Willeh. 4, 23. *ir was ouch vil, diez smwhten.*

Flôre 5255. *erst umbe schaz niht veile.*

mm) Reinm. 173, 29. *maneger sprichet: 'sist mir lieber': dast
ein list.*

n) Iw. 251. *manec biutet d'ôren dar.*

1256. *daz kwme uns zungewinne.*

Walth. 104, 7. *mir hât hêr Gêrhart Atze ein (i) pfert
erschozzen z Îsenâche.*

Parz. 561, 3. *sol ich niht zorse rîten in.*

Kudr. 680, 3. *er sach ir under dougen.*

1536, 3. *daz iht verdiene hinne die minneclichen frouwen (= hie inne).*

o) Iw. 1207. *sam daz holz underr rinden (= under
der).*

Nib. 1417, 1. *nider abeme hûse.*

1897, 3. *gelten skûneges win.*

1908, 3. *zêrsten helt guot (= ze êrste den,
geniale conjectur Lachmanns).*

2281, 2. *nû wer was, der ûfem schilde vor
dem Wasgensteine saz?*

Parz. 180, 2. *vil baz denne smorgens fruo.*

Walth. 67, 36. *daz vuor ine weiz war.*

115, 9. *daz i'm ein ander wider gebe.*

Kudr. 657, 4. *holder danne i'u wære.*

p) Parz. 26, 28. *deiz im nâch früuden niht ergienc.*

Walth. 15, 31. *êst al ein.*

19, 23. *dêr an der sêle genas (= daz er).*

Kudr. 347, 3. *deist an im wol ervunden.*

1258, 3. *deis si mac verdriezen (= daz es).*

Engelh. 3786. *wan deiz mich sêre müejet.*

§. 13. Grammatische freiheiten. Als grammatische freiheit ist der spurlose abfall der endung, gemeiniglich eines tonlosen *e*, vor consonantischem anlaut, apokope, und der ausfall des vocals inmitten einer bildungssilbe, synkope, zu betrachten, also: apokope ist der abfall des flexionsvocals vor consonantischem anlaut *(qrs)* und synkope ist die unterdrückung eines vocals in der mitte einer silbe *(tuvw)*.

Apokope. In erster linie sind dieselben häufigen und allenthalben gebräuchlichen kürzungen zu bemerken, die wir oben bei der elision (§. 11, *h)* gefunden haben, die also ebenso, wie vor vocalischem, auch vor consonantischem anlaut zulässig sind: *hat wæn wær wolt solt müht ân* u. ä.; von *unde* hat sich *unt* zur berechtigten nebenform entwickelt; wichtig und häufig ist endlich die kürzung verbaler formen, vornehmlich der 1. und 3. schwacher praeterita, insbesondere wieder vor dentalen und halbvocalen — dem pronomen, das den nächsten platz nach grammatischer folge behauptet und in der angegebenen weise anlautet *(q)*.

Weiters ist anzuführen die abwerfung der endung -*in* (zu Iw. 6307. Engelh. 1914 *(r)* und des -*e* im dativ, welches beides sich selbst bei Konrad von Würzburg findet (zu Engelh. 441. zu Nib. 1362), vornehmlich in fremdwörtern, zusammensetzungen und ortsnamen, dann in formelhaft gewordenen verbindungen: *ze lant ze ruoz ze hûs (: Artûs), ze trût ze wip (: lip), ân nit (: sit), im schimpf im spot* u. dgl. (zu Nib. 1957) *(s)*; für die volkstümliche poësie auch die verkürzung des gen. plur. *man* (zu Nib. 95) und der adjectiva in -*e* *(klein, milt)* im reime (über unfl. *genôz* s. zu Erec 2109, 7703).

Synkope. Stummes *e* fällt am häufigsten aus in allen verbalformen vor *t: seht sult nimt* u. s. w., dann nach tonlosem *e* vor liquida: *andern wandeln micheln kumbers inwerme* u. s. f.

Tonloses *e* fällt ebenfalls am häufigsten aus in verbalformen: fast immer in der mitte dreisilbiger praeterita (zu Iw. 881, 6814); auch kommt doppelte synkope vor: *âbnts = âbendes* (zu Iw. 786). Einzelne fälle treten so häufig ein, dass die poëtische freiheit zur grammatischen regel wird. so die verkürzung der dreisilbigen praeterita von stämmen in *t: antwurte durste leiste = antwurtete, durstete, leistete* u. s. w.; die contractionen *hân hâst lân, lit git, geseit treit, kleit, reite (redete), voit (voget)* u. ä.; die dative der possessiva *mime dime sime*, ebenso *eime (eineme)* und der ausfall des bindevocals bei einzelnen zusammensetzungen, insbesondere eigennamen (*spilman Sigmunt Siglint*, aber ebenso *Rüedgêr*, im verse *Rüedgêres*).

Zu bemerken sind endlich formen, wie *bliben cloren = beliben verloren*, die synkope der unbetonten vorsilben *be-, ver-* und *ge-*, welches letztere vor allen halbvocalen, aber selbst auch vor vocalen verkürzt oder zusammengezogen vorkommt *(w)*. Doch ist hier wieder sorgfältige rücksicht auf das verhalten der einzelnen autoren zu nehmen, wie denn Konrad von Würzburg wol *gnâde* und *gnuoc*, nicht aber *gloube* oder *gnas* sagt (zu Engelh. 209), Hartmann wol *selle, gnâde, gnuoc, isengwant*, auch *glich*, aber nicht *glücke* oder gar *gselle* (zu Erec 1969, 7703, [2] s. 415).

Auch sonst ist die übung der dichter keine gleichmäßige; aber auf der hebung und vor vocalen — wo überhaupt mehr gestattet ist (zu Flôre 112) als auf der an sich empfindlicheren senkung und vor consonanten, insbesondere explosiven, zwischen denen längere pause notwendig jede vorhergehende kürzung härter und hörbarer macht — gebrauchen selbst die enthaltsamsten *mins dins sins eins keins* (zu Engelh. 444), die meisten wol auch *einz minr dinr sinr* (zu Flôre 42); vor leichtem consonantauslaut vor vocal synkopieren alle die gewöhnlichen flexionsendungen *(wurdn.* zu Iw. 1026, aber selbst *wellnt.* zu Nib. 169).

Besonders zu bemerken sind jene fälle, in denen mit dem synkopierten vocal auch der schließende consonant abgeworfen wird — in einigen verbalformen (1. 2. plur. praes., 3. sing. praet.), dann nom. *ein* für *einer*, *kein = deheiner*, ja *deheiniu* (= *r*, zu Iw. 105), acc. *ein einn = einen* (zu Erec 1966); einzelne dieser fälle erscheinen nicht sowol als synkope, als vielmehr als völlige abstoßung der flexionssilbe *(x)*.

II. Versmessung und silbenzälung.

An diese beiden erscheinungen reiht sich endlich noch eine anzal besonderer kürzungen verwandter beschaffenheit, die sich manche dichter, meist nur in der hebung *(y)*, nur in vereinzelten fällen auch in der senkung *(z)* gestatten:

1. unterdrückung des tonlosen oder stummen *e* vor auslautender liquida *übr widr abr*, selbst *undr hindr (wurdn* s. o.) *hêrn*. (Hauptstelle: zur Klage 27);

2. *küne, mane* in der senkung;

3. abwurf des stummen *e* oder der ganzen endung in *ab an am vom, ab = aber, od = oder* (zu Flôre 24, 181): „*ab* und *od* sagen alle dichter vor consonanten in der senkung" (zu Iw. 1026).

<small>Die beispiele sind folgendermaßen angeordnet: *q)* apokope schlechtweg; *r)* abwerfung des *-iu*; *s)* apokope in formeln. — *t)* synkope in verbalformen, *u)* in andren wörtern, *v)* mehrerer laute, *w)* in vorsilben. — *x)* verlust einer vollen schlußsilbe. — *y)* freiheiten 1., 3., *z)* 2. *küne, mane*.</small>

q)   Iw. 175. *und wær mîn schulde græzer iht.*
      Nib. 971, 4. *si warnt si güetlîche.*
      1208, 3. *swenn si wolden dar.*
      1872, 4. *sich huop ein vreislîcher* (comp.) *nôt.*
   Kudr. 496, 1. *Hetelen hôrt man rüefen.*

r)   Kudr. 1290, 2. *wæren wær din mære.*
   Engelh. 191. *dis aventiure aleine.*

s)   Nib. 5, 4. *si frumten starkiu wunder   sît in Etzelen lant.*
      95, 2. *si hêten dâ ir vriunde zwelf küener man.*
      336, 2. *zwelf manne sterke zuo sîn selbes lîp.*
      580, 4. *noch was es beidenthalp ûn nit.*
   Walth. 30, 26. *swer sant mir var von hûs, der var ouch mit mir heim.*
   Engelh. 2350. *des küneges sun ûz Engellant.*
   Klage 2022. *der wart âne schult ermort (:gehôrt).*

t)   Iw. 192. *sprecht ir anders denne wol.*
      806. *ez richt von rehte mîne hant.*
   Nib. 800, 3. *dâ hâst dich gerüemet, du wærst ir erster man.*

II. Versmessung und silbenzählung.

Nib. 1727, 4. *des ich unz an min ende immer mêr
ze weinne hân.*
Parz. 278, 27. *(Kei bat Kingrûnen) Orilus dienn an
siner stat.*
486, 24. *dune fündst in allen gâhen dehein* (x)
wirt der dir gunde baz.
Willeh. 280, 13. *nâch trûrn sol freude etswenne* (i) *komn.*
u) Iw. 1690. *ez ist ein engl und niht ein wîp.*
4496. *und dem bersten garzûn den er hât.*
Walth. 85, 14. *er sî dienstman oder vrî.*
Parz. 308, 17. *het ir priss nimêr getân.*
248, 15. *vil teppch und drûf* (w) *diu pflûmît.*
v) Erec 4247. *do getorsten ez die rlienden zagen
(= rlichenden,* vgl. zu Iw. 6444*).*
Iw. 3642. *(daz ir) geruot nâch iuwer arbeit
(= geruowet).*
Nib. 436, 4. *Gunther in wegete, der helde des wurfes
pflac (= helende.* überaus feine conjectur Lachmanns).
Walth. 45, 38. *sam si lachen gegen der spilden sunnen
(= spilenden).*
w) Nib. 14, 4. *in welle got behüeten, du muost in
schiere vloren hân.*
15, 3. *sus schœne wil ich bliben unz an mînen tôt,
daz ich sol von manne nimmer gwinnen
keine nôt.*
Walth. 3, 21. *dâ von dîn name sî gêret.
und ouch dîn lop gemêret.
dâ von wird er gunêret,
der uns da sünde lêret.*
Kudr. 145, 2. *dô sprach einer drunder.*
488, 3. *bilde lâgen drinne.*
x) Erec 9115. *die eschîn schefte.*
Iw. 1994. *zuo dem verborgen man.*
4317. *ze wâgen ein als vordern lip.*
5032. *(daz daz sper) ime libe hafte (= haftete: schafte).*

Arm H. 756. *nû verswig wir ab* (y) *der nôt.*
Nib. 1785, 3. *wolt (= woltet) ir slâfende uns ermor-
dert hân.*
2104, 3. *ir sult iuch wâfen.*
2241, 3. *ir gelt mir minin leit.*
Flôre 4052. *der win macht(= machete) daz ich verstiez.*
y) Klage 1507. *empfienc ir brüoder und iuch ir mîn.*
Iw. 962. *diu vriuntschaft ûndr uns bêiden.*
2316. *dér ist niendr in mîme hér.*
Nib. 2105, 2. *ez der hélm wére ûd des schildes ránt.*
Walth. 15, 11. *hére ihr áller éngel schár.*
59, 23. *ichn kán ab niht erdénken.*
Willeh. 179, 28. *muoz abr ich mit mîner kréfte.*
z) Walth. 25, 11. *kúne Cûnstantîn der gáp so vil.*
77, 12. *kungîn ob állen vróuwen.*
22. *manc lóp dem kriuze erschillet.*
Parz. 277, 17. *von fróuwen dâ manc kús geschách.*

§. 14. Zur anwendung. Es ist aus dem gesagten hinlänglich klar und auch an gehöriger stelle wiederholt betont, dass es gerade hinsichtlich dieser kürzungen, wie sie sammt und sonders als folge des gesetzes der einsilbigen senkung auftreten, unbedingt notwendig ist, den gebrauch der einzelnen dichter auf das sorgfältigste zu studieren (vgl. z. B. zu Erec 1036, 1969; besonders 7703, [2] s. 412, zu Iwein 504, 586, 4445), weil sich oft eine schwierigkeit auf mehrfache weise beheben lässt, sicherheit dann aber nur aus der genauesten kenntnis der gewonheiten des autors zu schöpfen ist. Während z. B. bei Wolfram oder in der Klage (vgl. Anm. s. 293) die stärksten kürzungen unbedenklich zugelassen werden können, sind Gottfried und Konrad von Würzburg in der anwendung derselben äußerst zurückhaltend.

Eine stelle wie:
Parz. 801, 22. *er begúnde och ál den fróuwen ságn,*
daz se üzme gezélte giengen,
si tâtenz dâ si empfiengen
ir hérrn von langer réise;

in vier zeilen mit dreizehn hebungen sechsmal mehrsilbige
senkung ist bei keinem andren gleichzeitigen epiker denkbar;
unter den lyrikern ist Reinmar überreich an inclinationen,
besonders aber an krasen (z. B. 185, 21. 194, 32. *nust* =
nû ist, *îst* = *ez ist*, *dîech*, *wiech* = *die, wie ich*; 187, 34. *i'r*
= *ich ir* uvä.).

Aber überaus umständlich ist die emendation bei
Konrad: freilich gewinnt sie, was sie an schwierigkeit
erfordert, an sicherheit. Ein beispiel, beigebracht von Haupt
zu Engelh. 38, möge dies erläutern: der vers turn. v. Nant. 74, 1:
   und lûhte daz velt wîz als ein snê
ist an sich sehr leicht metrisch zu bereinigen. Zunächst
mit (nach dem auftact sehr häufiger) schwebender betonung:
   und lûh'te daz velt wîz als ein snê;
oder durch inclination, die von den schreibern nur zu gerne
aufgelöst wird:
   und lûhtez velt wîz als ein snê;
oder ähnlich durch annahme von schwächung und verschleifung:
   und lûhte dez velt wîz als ein snê;
endlich mit apokope, ganz normal vor dem dentalen anlaut:
   und lûht daz velt wîz als ein snê.
**Jede dieser emendationen ist metrisch cor-
rect, die erste und vierte sogar überaus häufig
und dennoch keine in diesem falle zulässig**; denn
Konrad wendet solche apokope gar nie an (s. o.), inclination nur
bei praepositionen; ebensowenig ist die schwächung bei ihm
zu belegen; schwerer auftact schon gar nicht erlaubt; es
muß daher, scheinbar gegen alle kritischen grundsätze und
doch mit sicherheit von einer lesart abgegangen werden, die
an sich kaum schwierig genannt werden kann. Haupt schreibt:
   und was daz velt wîz als ein snê.*)

Der vers Iwein, 5081 ist in folgender gestalt überliefert:
   âne angest unde âne nôt;

---

*) Vf. möchte sich erlauben vorzuschlagen:
   und lac daz velt wîz als ein snê,
was graphische wahrscheinlichkeit für sich hat und wofür auch einige andre
stellen Konrads, nachzusehen bei Lexer 2, 1026, sprechen.

die einfachste emendation wäre (und so schreibt auch der jüngste unberufene herausgeber):

ǎn ǎngest ǔnde ǎne nôt;

weil aber Hartmann dem hiatus nach langer stammsilbe in auffallender weise ausweicht, schreibt ein so feiner beobachter wie Lachmann mit synaerese:

ǎn ǎngest ǔnde ǎn nôt.

Nib. 278, 26. *geséllecl͡íche gen͡úmen* kann ebensowol in der bezeichneten weise mit synizese gelesen werden, als auch mit apokope: *geséllecl͡ích.*

Dass nicht überall synaeresis zulässig, wo apokope möglich ist, zeigt Lachmann zu Iwein, 866 und zur Klage, 27; mitunter freilich versagen alle kriterien: man vergleiche Erec 4822, wo Haupt in der ersten auflage schrieb *den woltich,* in der zweiten *den wolte ich,* während Lachmann zu Iw. 7764, jene stelle besprechend, schwankt zwischen *dén wold ich* und *den wǒlt ich* (nur in der schreibung verschieden von Haupts älterer lesung).

Den folgendermaßen überlieferten vers, Kudr. 427, 1 b *kwme si ûz dem tor* liest Martin, s. XVII mit proclitischer verschmelzung:

kwme sǔz dem tór,

während man mit rücksicht auf die gerade in diesem gedichte sich zalreich vorfindenden schweren auftacte, und weil der hiatus unanstößig ist, ohne jede graphische oder überhaupt schwerere veränderung, schlechtweg lesen kann [nach dem schema IV. §. 25, *g)*]:

kwm'e si ûz dem tór.

Compliciert wird die arbeit durch die schwankende terminologie. Den ausdruck synaeresis, den Lachmann zum Iw. 7764 [1] s. 547 so klar definiert, haben manche ganz aufgegeben: so Martin, der den fall unter die elision stellt, so dass bei ihm manches elision heißt, was Amelung wieder bereits zur synaloephe rechnet! Müllenhoff zgXX. nennt formen wie *erst derst* synkopen, ganz gewiss richtig, wenn man auf die subtilere unterscheidung, aber auch auf die dann überflüssigen benennungen völlig verzichtet. *diust* heißt bei den einen krasis, bei andren irrig synaloephe, bei Grein-Vilmar verschleifung, von der es einzelne, wie allerdings auch wir, aber nur im allgemeinen, als verschmelzung scheiden, während es speciell als inclination zu bezeichnen ist, nachdem, wo monosyllaba mit vocalischem aus- und anlaut zusammentreffen, der weitere unterschied zwischen enclisis und proclisis nicht gemacht werden kann.*)

III. Hebung und senkung.

§. 15. Die hebung kann entweder ein- oder zweisilbig (verschleift *kânec* oder verschlungen *do'erz)*, im ersteren falle wieder lang- oder kurzsilbig sein.

Zweisilbige hebung mit betontem kurzen vocal und folgendem *e* ist einer einsilbigen langen ganz gleichwertig.

§. 16. Für die beurteilung des verhältnisses von hebung und senkung gilt der **grundsatz, dass die hebung verglichen wird mit der folgenden senkung**; die senkung also mit ausnahme des auftactes, bei dem dies unmöglich ist, mit der vorhergehenden hebung.

§. 17. Die quantitaet der senkung ist völlig gleichgiltig; es kann auf eine kurze hebung eine lange senkung folgen und umgekehrt, **nur muss die in der senkung stehende silbe** (sie kann auch ein hochtoniges wort sein, s. u.: *wând i'z sûch, ûn die stât*, vgl. §. 13. *rôs ûne dorn)* **stets schwächer betont sein als die vorhergehende hebung.**

<small>Anmerkung. Ohne rücksicht auf andre als hochtonige hebungen und das mögliche fehlen der senkung (§. 20) ergeben sich hinsichtlich quantitaet und silbenzal folgende möglichkeiten, die sonach in den nachstehenden beispielen vorgeführt werden:</small>

<small>*) Deshalb ist im vorstehenden capitel der versuch gemacht, durch scharfe definition eine feste terminologie zu gewinnen, deren allgemeine anerkennung und durchführung unter allen umständen von unmittelbarem praktischen nutzen wäre; zumal hier nicht neue begriffe entwickelt, sondern nur die üblichen gegen einander abgegrenzt worden sind — vollständiger, als dies bisher je versucht worden.</small>

III. Hebung und senkung.

I. Lange	hebung	1. kurze	senkung
		2. lange	„
		3. zweisilbige	„
II. zweisilbige		4. kurze	„
		5. lange	„
		6. zweisilbige	„
III. kurze		7. kurze	„
		8. lange	„

Der 9. fall: kurze hebung mit zweisilbiger senkung ist — außer bei dactylischem rhythmus, auf den als abnorme ausnahme nirgends rücksicht genommen ist — nicht möglich; denn drei kurze silben sind nach der accentregel immer aufzufassen, wie der fall II, 4., s. u. §. 22, II. 3.

Beispiele: *hœrre ich (3) sáyez iu (5), wând i'z (3) such.*

*eins tâges ge (4) dêhez (1) ûn die (8) stât,
daz si der (7) junge (1) künec (7) bât
nâch sîme (1) dienste (1) minne (1).*

*grüene sâmit (8) was der (7) mândel (1) sîn:
ein zobel dâ (5) vor gap (7 swârzen (1) schîn,
ob einem (1) hêmede (4) dâz was (7) plânc.
von schôuwen (1) wart dâ (2) gróz ge (1) dranc.*

die küneye und (6) ôuch ir (1) man.

§. 18. Für die hebung ist durchaus nicht eine hochbetonte silbe erforderlich, dieselbe kann vielmehr auch auf eine tieftonige, ja selbst auf ein tonloses *e* fallen (somit ebensowol auf eine flexions-, als auf die stammsilbe).

Die hebung muss (§. 16) immer stärker betont sein als die zugehörige senkung, demnach **darf eine tieftonige oder tonlose silbe nie über eine des hochtones fähige gehoben werden** oder mit andren worten: auf eine tieftonige oder tonlose hebung darf nur eine tonlose silbe als senkung folgen. Ein metrum, bestehend aus tieftoniger hebung und einem einsilbigen formworte als senkung ist somit unmöglich, also nicht: *úmbe minné den scháft, verliesén den líp*, sondern *úmbe mínne dén scháft, verliesen dén líp*.

III. Hebung und senkung.

Anmerkungen.

1. Ein hochtoniges monosyllabon kann nur von einer stammsilbe metrisch regiert werden; verliert aber dieser gegenüber, sobald dieselbe eben höher betont ist, den eigenton. Markante beispiele bei Walther: *rélt walt lóup rór únde grós* oder *wól dir, spér krinz únde dorn*. Besonders häufig verlieren so den ton die anreden *hér* und *vrou* (Grein-Vilmar § 69) vor eigennamen, die den ton auf der ersten silbe haben. Der fall darf nicht verwechselt werden mit der versetzten betonung, die ein verstoß gegen den logischen accent ist (§. 3 *k*).

2. Die in diesem paragraph ausgesprochene regel Lachmanns, das resultat der umfassendsten und eingehendsten beobachtung, die sich über die gesammte altdeutsche litteratur erstreckte, wird von den gegnern des großen toten mit seltener hartnäckigkeit, aber ohne alle beweise bestritten. Bartsch stellt (unt. zum Nibl., s. 138) den satz auf, dass nicht gelesen werden dürfe *liebe mit léide*, sondern nur (das unaussprechbare, undeutsche) liebé mit léide: „eine praeposition könne nicht die hebung ohne folgende senkung machen" (fast alle praep. sind im ahden. zweisilbig und finden sich auch im mhden. noch so!) Zarncke, Nibl.[5] s. CVI gibt im texte Lachmanns regel mit einer leichten modification, in petit Bartsch' behauptung: „es sei für diese viel wahrscheinlichkeit .... zuerst habe er selbst die ansicht aufgestellt, dass die formen des artikels, wenn sie auch einen tönenden vocal enthalten, doch auch, ohne diesen vocal zu e zu schwächen, von einem gehobenen e abhängen können." Gründe oder beweise für diese leichtfertige, anfänger leicht verwirrende meinung werden nicht vorgebracht — weil es keine gibt. Das dessenungeachtet auf diese ganz frivole behauptung eine förmliche theorie begründet wurde, aus der wieder die weitestgehenden litterarhistorischen folgerungen gezogen wurden: Kürenberger, dichter des Nibelungenliedes und was derlei unsinn mehr ist, ist ein hauptgrund der auf dem gebiete der altdeutschen metrik eingerissenen sterilität und confusion.

Lachmanns regel lässt sich aus der praxis der mhden. dichtung unzweifelhaft erweisen; dieselbe wird nämlich in der lyrik, wo sich strophe um strophe, zeile um zeile, eine durch die andre controllieren lässt, so streng beobachtet, dass die fälle absolut vermieden werden, wo es notwendig oder nur möglich wäre, ein tonloses *e* über ein hochtonfähiges formwort zu erheben (betonungen also wie küńegês dem, sibené diu ndgl.): unter den vielen tausenden und tausenden von versfüßen (in Hagens Minnesingern ungefähr zweihunderttausend) finden sich im ganzen **zwei** ausnahmen, hier wirklich beweisend, weil sie zeigen, dass diese art der betonung ebenso möglich, als bewusst vermieden war: Reinm. 160, 33 *lébeté nách wíbe* und Nith. 50, 16 *die rérewént mich grá* (Scherer in HZ. 17, 568). Dass kurze silben ein metrum füllen können, beweist auch ihr vorkommen im reime, z. B. *dés: l'líxés*, gleichwertig mit langen und verschleiften (*lip: wip, ságen: trágen*). Spervogel z. B. reimt *wáldés: góldés*: nicht auffälliger oder härter ist *dén scháft, dén lip.* *)

§. 19. Aus dem princip, dass die hebung gewichtiger sein muss als die senkung, ergibt sich ferner mit notwendigkeit, dass nach einer hebung, die von einem oder zwei tonlosen *e* gebildet wird, in der senkung wieder nur unbetontes *e* folgen kann, und zwar entweder eine zweite flexionssilbe: *wéinénde, himeléschen (a)* oder eine unbetonte vorsilbe (ein häufiger fall), wenn das tonlose *e* den auslaut bildet, mit consonantischem anlaut: *alléz getán*, auch *tierél entrán, jéneme gevílde* (unzulässig ist der hiatus *jéneme entrán, schámelé erklánc) (b)* oder aber, jedoch nur nach langer hebung, zwei verschleifte *e: iuwérme gesínde* (zu Iw. 2798) *(c)*.

Ist aber diese hebung kurz, so darf die senkung nur auf ein -*n* (-*en*) auslauten. Es sind somit dann überhaupt nur zwei fälle möglich, die sich praccise fassen lassen: nach kurzem tonlosen *e* in der hebung kann als senkung nur eine unbetonte vorsilbe oder die flexionsendung -*en* folgen *(d)*. (Beneke und Lachmann zu Iw. 6575, auch 5873, 1994, 6514; zu Nib. 305, 1. 1193, 4., zur Klage 1355).

---

*) Der grund des gesetzes ist in dem streben nach logischer betonung zu suchen. Gerade Bartsch hat die stirne in demselben buche, 30 seiten vorher, zu sagen: „Die ganze altdeutsche metrik wird von dem logischen ton beherrscht, den ein wort im satz einnimmt; das nicht beachten dieses principes wie der musikalischen seite bildet einen grundfehler Lachmanns." Was hat nun höheren logischen ton: ein einsilbiges, hochtoniges formwort oder eine tonlose flexionssilbe?! Mit der ausbildung seiner metrik mit rücksicht auf die musikalische seite scheint Lachmann beschäftigt gewesen zu sein, als den kaum fünfzigjährigen der tod hinwegraffte: das scheint mir sein schweigen über die heptaden zu beweisen; aber seine art war es nicht, voreilige stegreifeinfälle auf den markt zu werfen. Übrigens haben, die ihm diese unterlassung vorwerfen, die sache selbst um keinen schritt gefördert, wol aber findet man sorgsame einschlägige beobachtungen in MSD.

Nach tonlosem *e* in der hebung kann die senkung nie fehlen.

Anmerkungen.

1. Obwol außer Heinrich von Veldeke und Gottfried von Straßburg, bei dem aber nur wenige verstöße begegnen, alle dichter jene regel (*d*) beobachten, wird auch sie von Lachmanns gegnern geläugnet und bespöttelt. Eine erklärung der erscheinung ist allerdings nicht gegeben; doch ist so viel klar, dass betonungen, wie *ránéte, verírréter* als härten galten. Man kann in dieser regel eine vermittlung zwischen den zwei grundsätzen erblicken, dass 1. kurzes tonloses *e* zur hebung und senkung zu schwach wäre, und dass 2. die somit notwendige senkung schwächer als *e* sein muss; als schwächer scheint nun nur eine solche flexionssilbe gegolten zu haben (es gibt flexionssilben auf -*em* -*en* -*er* -*es* -*est* -*et* -*ez*), bei der das *e* fast verstummte, halb synkopiert wurde, wie dies in mhder. rede vor der nasalen liquida wahrscheinlich ebenso stattfand wie in nhder. (Vgl. Wilmanns ztschr. f. d. gymnw. XXIV. 1870, NF. 4, s. 592 fg). Unter allen Umständen ist es eine von der höfischen dichtung aufgenommene, anerkannte und beobachtete feinheit des epischen volksgesanges: dafür spricht auch das verhalten der einzelnen dichter: Wolfram befolgt sie unbedingt, Gottfried, wie gesagt, wahrscheinlich nicht; Hartmann lässt eine, im grunde beweisende ausnahme zu: bei ihm finden sich, und zwar in den späteren epen, im armen Heinrich eine, im Iwein drei stellen, in denen ein dreisilbiges praeteritum mit synkopierter penultima zwei hebungen trägt, obwol es auf einfaches -*e* auslautet (zu Iw. 5441):

    Arm. H. 1371. *álsus bézzérte sich.*
    Iw. 317. *díu entwáfénte mich.*
        6204. *disiu háchélte rlahs.*
        6655. *ern wáfénte sich zehánt.*

Aber in diesen fällen ist durch die synkope die zweite silbe positionslang geworden: sie gehören also streng genommen nicht hierher; anders bei Gottfried:

    436, 25. *er ránéte snoze.*

    175, 30. *mit ir ringére zwéin.*
    210, 15. *dér verwázéne nűt.*
    385, 33. *der verírréte Márke.*
    481, 10. *verírréter Tristán.*

Man sieht auf den ersten blick, dass drei von diesen fällen 436, 25. 175, 30. 385, 33. mit verschleifung in der senkung gelesen werden können: *ér rŭncte sŭoze*, *mit ir ringere zwein*, *dér verírrete Márke*; sie werden nur mitgezält, nicht weil sie doch auch in dieser gestalt schwierig bleiben — besonders *mit ir* (vgl. den Nibelungenhalbvers: *dŭrch dich mit ín*) —, sondern weil die zwei andren fälle wahrscheinlich machen, dass auch jene drei unter die gleiche kategorie zu subsumieren seien, und weil es überhaupt grundsatz philologischer kritik ist, im zweifelhaften falle das schwierigere, der erklärung sich entziehende, so lange es nicht als falsch erwiesen ist, für echt zu halten. Dass diese wenigen fälle nicht genügen, die regel umzustürzen, dürfte trotz Pfeiffer, Germ. 3, 59—80 jedem unbefangenen klar sein.

2. Müllenhoff paradigm. s. 24 gibt (nach Lachmann, wie wir nach diesen vorgängern und eigenen zusammenstellungen) das beispiel *tiuvel entrán*, ebenso Zarncke, Nibl.³, s. CVI *wérdén erkánt*, *niemén erlán* (vgl Grein-Vilm. §. 64 *woldén erbármen*), Amelung grundz. s. 6 bezeichnet dagegen *wárén erstórben* als unzulässig: es scheint verwechslung mit dem dritten falle der verschleifung (*swéster entérben*) vorzuliegen oder aus misverständnis, was sich auf den hiatus e zu e bezieht, auf diese fälle übertragen: denn nur im männlichen reime ist diese art der verschleifung in letzter senkung in den strengsten dichtungen — Nibelungen — unerlaubt.

Beispiele: a). *den heiz vliezénden bach. — dô yie er houwénde dán.*
b) *din was ze Sánten genánt. — er hét daz houbét verlórn. — michel weinén getán. — daz birg illéz erdóz.*
c) Iw. 6404. *von unsérme gewinne.*
d) Nib. 305, 1. *vröude únde wünne* und *michélen schál*.

§. 20. Nach langsilbiger hebung kann die senkung fehlen *(e)*; auch mehrere nach einander *(f)*, ja selbst alle senkungen eines verses können ausfallen (beispiele auch oben unter II. 9 *a*): *sprách Dáncwárt, úz Ísánt*).

e) Die beiden beispiele, strophen aus dem IV. Nibelungenliede, sollen zeigen, wie ein kunstfertiger dichter durch das heben tonloser silben und das auslassen der senkungen eindruck und wirkung zu erzielen vermag (vgl. §. 42). Das fehlen der senkung ist ausnahmsweise durch fetten druck des letzten und ersten buchstaben der aneinander gerückten hebungen bezeichnet.

III. Hebung und senkung.

Nib. 335. Sîfrit muose fûeren die kappen mit im dan,
 die der helt küene mit sorge gewan,
 ab eime getwerge daz hiez 'Albrîch.
 368. Sîfrit dô balde ein schalten gewan.
 von stade er schieben einste begán
f) Nib. 333, 4. sô maht du mit im immer wætlîchen varn.
 401, 3. durch dich mit im ich her gevarn hân.
 Flôre 1955. vier lewen ern.

Anmerkungen.

1. Der ausfall der senkung ist in der hand kunstvoller dichter ein wirkungsvolles mittel, das dem verse ein eigentümliches colorit verleiht und die charakteristische und stimmungsvolle mannigfaltigkeit mittelhochdeutscher verse bewirkt. Bald, noch in der classischen zeit, erhebt sich die tendenz, die senkungen auszufüllen, so dass das fehlen der senkung ein kennzeichen höheres alters ist. Dies princip musste notwendig zur silbenzälung führen. Schon in den bearbeitungen des Nibelungenliedes tritt diese richtung hervor; die classischen volksepen sind überhaupt gegenüber der kräftigen, aber rohen volksepik des XII. jhdts. metrisch überaus zart; zusammengesetzte nomina, der schmuck der alten volksdichtung, verschwinden fast völlig: selbst der streng höfische Gottfried, der erste, der den ausfall der senkung regelmäßig meidet, ist reicher an derartigen substantiven (nitspil, einwic) als die Nibelunge. Da er überdies fast regelmäßig auftact anwendet, tragen seine verse bereits jambisches gepräge. Seine schule hält dann mit noch größerer strenge auf die ausfüllung der senkung: Rudolf von Ems, vor allen Konrad von Würzburg, bei dem der ausfall bereits zur ausnahme geworden ist, obwol er noch immer und nicht nur in compositis vorkommt (ausführlich hat hierüber Haupt gehandelt, zu Engelh. s. 222 bis 228).

Ausfall der senkung verleiht dem verse ein ernstes, ausdrucksvolles gepräge; mitunter freilich erscheint er dadurch schwerfällig; darum lassen selbst die dichter, die ihn besonders lieben, Wolfram und vornehmlich Konrad Fleck, selten alle senkungen eines verses ausfallen (zu Flôre, 152).

Die lyriker füllen die senkung fast immer aus, da sie die zeilen einander streng entsprechend bauen; doch selbst sie lassen den ausfall zu, wo er überhaupt am häufigsten vorkommt, in zusammensetzungen, namentlich eigennamen: Walther und Nithart haben lantgrâve ûrloup dorfwîp Berhtram Marhrelt u. ä., jeder wenig öfter als ein dutzendmal. Das eigentliche gebiet dieser erscheinung ist aber die epik, in der sie so fest steht, dass sie auch Konrad von Würzburg, wenigstens in begrifflich eng verbundenen wörtern *(jâr alt, grüozt er* zulässt, selbst am schlusse des verses, wo die lyrik die senkung stets ausfüllt.

Das streben nach ausfüllung der senkung beraubte den epischen vers seiner charakteristischen schönheit, die auf der arhythmic basiert war, und führte stilistisch durch den verlust der altepischen composita zur flachheit, sachlich zur monotonie, technisch aber mit notwendigkeit zur silbenzählung, erscheint also in jeder beziehung als vorbote oder beginn des verfalles.

2. Ein einblick in den causalen zusammenhang der betonungsgesetze wird sich nur durch lautphysiologische untersuchung ergeben, die noch kaum angebahnt ist. Beachtung verdient der schon oben angezogene aufsatz Wilmanns' ztschr. f. d. gymnw. 1870 (XXIV), NF. 4., s. 592. f, worin der ausfall der senkung zwischen zwei liquiden als ein nur scheinbarer erklärt wird; doch bedürfen die daselbst angeregten fragen durchaus weiterer untersuchung.

§. 21. **Nach kurzer hebung soll die senkung nicht fehlen.** Eine kurze silbe gilt demnach für zu schwach, ein ganzes metrum auszufüllen; bei monosyllabis wird die zur ausfüllung nötige zeit ergänzt durch die natürliche pause am ende des wortes.

Wir finden daher häufig monosyllaba *(g)*, vornehmlich mit auslautender liquida und ehemals zweisilbige *(deme rone mite* u. dgl.) für **hebung und senkung** zugleich (zu Iw. 7563, zu Flôre 152), selbst an den heikelsten stellen *(h)* — so in der ersten hebung des letzten halbverses der Nibelungenstrophe — (zu Nib. 22. 46. 371). Es ergibt sich also als regel: **bei einsilbigen wörtern macht im verse der wortschluss position** (Beneke zu Iw. 4851 nennt das monosyllabon mit kurzem vocal im verse geradezu lang. Vgl. Haupt, HZ. 3, 164).

Inmitten eines wortes nach kurzer hebung die senkung fehlen zu lassen, ist eine sehr weitgehende freiheit; doch wird sie von guten dichtern in den §. 6 *n)* bezeichneten fällen — bildungssilbe mit vollem vocal nach kurzer stammsilbe im mehrsilbigen wort — gestattet *(i)* (zu Iw. 6444):

denn an sich sind solche silben zur hebung völlig geeignet, weil sie eben nach der einmal feststehenden ausnahme von der accentregel tieftonigen gleichgeachtet werden.

Für unerlaubt gilt diese freiheit in zweisilbigen wörtern, ausgenommen einige fremdwörter: *pilás, bûhûrt, rícît, sámit, gezimieret, gepûnieret;* fehler, die sich bei guten dichtern nicht finden, sind vereinzelte betonungen wie *zwivált, tagált, hérinc, •pférit (k)* (zu Nib. 557, 3., zu Iw. 137.) **Unter keiner bedingung darf die senkung fehlen nach tonlosem kurzem** *e:* dieser fall erleidet keine ausnahme.

g) *wâgen dén lîp*, alte formel, Konr. Rol. 191, 16; Nib. 328, 3. 1847, 4; aber selbst bei Gottfried, Trist. 151, 23. 247, 16.

    Herbort 18238. *wáz díz wáre!*

        Nib. 388, 3. *driu pilas wîte und éinen sîl wîl getân.*

        1530, 2. *dés wúrden snélle hélde misseváre.*

        1982, 1. *gút wéiz, hér Írinc.*

    Flôre 4229. *dém túrne ébenhôch.*

        4556. *nû kúmt doch schiere dér tác.*

h)   Nib. 371, 4. *dáz wás nieman mêre wán Sîfrîde bekánt.*

i)   Erec. 371. *mit sámîte bezógen.*

    1. büechl. 553. *des hérzen spéhâre.*

    Iw. 6444. *diu gótinne Júnô.*

k)   Iw. 6432. *über des pilâses bréite.*

    Nib. 557, 3. *biz für den pilâs* (vereinzelt in den Nib.).

Anmerkung zu i). Betonte zweite nach kurzer stammsilbe macht immer schwierigkeit: es ergeben sich mitunter fälle sehr schwerer elision, z. B.:

Walth. 85, 6. *getrinwer küneges pflégære, ir sît höher mêre:*

oder jene zu §. 3 erwähnten fälle völliger versetzung des accents aus metrischen gründen:

Walth. 15, 36. *Philippe künec hêre* (zu lesen = *mir hât ein lieht von Vránken*).

    18, 29. *diu króne ist elter dánne der künec Philippes sî.*

§. 22. Das verhältnis von hebung und senkung lässt sich demnach in folgender form darstellen*); in der hebung sind drei fälle zu unterscheiden: I. langsilbige, der zweisilbige gleichwertig ist; II. kurzsilbige. III. tonloses *e*.

I. Langsilbiger (zweisilbiger) hebung kann folgen:
1. Einsilbige senkung, lang oder kurz (auch tonloses *e*), nur minder betont *(l)*.
2. Die senkung kann ganz fehlen *(m)*.
3. Zweisilbige senkung, die (in der §. 10—13 dargestellten weise) einsilbig wird *(n)*.

II. Kurzsilbiger hebung kann folgen:
1. Einsilbige senkung, lang oder kurz (auch stummes *e*), nur minder betont *(o)*.

Beschränkung: hart hiatus nach kurzer stammsilbe *vride ünde shone* II. §. 11, *g)*.

2. Die senkung kann fehlen, „eine wenig gebilligte freiheit" *(p)*.
3. Zweisilbige senkung, die (in der §. 10—13 dargestellten weise) einsilbig wird.

Beschränkung: ausgeschlossen ist die verschleifung zweier unbetonter, einen einfachen consonanten umschließenden *e*, weil dann stets die hebung zweisilbig ist, nicht mánegen, sondern nach den accentgesetzen mánegen.

III. Einer lang- oder kurzsilbigen hebung mit einem oder zwei unbetonten *e* kann in der senkung wieder nur *e* folgen, und zwar kurzer nur die flexionssilbe *-en*.

Unmöglich: voller vocal oder fehlende senkung.

Beispiele (Lachmanns):
l) Gërnôt. — Sîvrit. — Vote.
m) in Etzélen lánt.

*) So formte Lachmann das capitel von der hebung, aus dem wir jedoch das verfahren bei zweisilbiger senkung vorweg genommen haben. Lachmanns colleg schrieb Zacher 1842 mit; nach Zachers heft veröffentlichte Pfeiffer „Lachmanns metrik" im 2. bande der Germania. Müllenhoff hat dieselbe veröffentlichung seither, auf vier seiten zusammengedrängt, seinem abrisse beigefügt, selbstverständlich correct und treu, aber in compendiösester form.

n) ûz dem grâbe dâ'r inne lac. — heilegen. — wære getân. liezen erwerben. — lief abe er. — des hât'er genuoc. — viel übr in.

o) hêr ûz. — mac ich. — âme.

p) mit ungevuoge. — kom er. — dâr ûz. — diu tiure meinunge.

'Zu II. 3. s. §. 10—13 und zu III. oben §. 19.

Anmerkung. Für elementare zwecke, z. b. den mittelschulunterricht, kann man mit der form der regel ausreichen, die Amelung grundz. s. 6 sehr einfach, aber nicht erschöpfend und über die grenze des streng beweisbaren hinausgehend, aufstellt: „Die senkung kann fehlen nach hochtoniger hebung, ob sie lang oder kurz ist, nach tieftoniger nur, wenn sie lang, nie, wenn sie kurz ist."

IV. Besondere stellen im verse.

§. 23. Für zwei stellen des verses, den anfang und den schluss, gelten besondere bestimmungen.

Der anfang des verses, wo die stimme noch nicht erschöpft ist und der rhythmus noch nicht sein bestimmendes gewicht ausübt, gestattet eine nachlässigere, der schluss, an dem die stimme fällt und wo durch die natürliche pause jede nuance fühlbar wird, erfordert eine strengere behandlung als die übrigen metra (vgl. I. §. 3, anm.). Es ist daher im folgenden von den **freiheiten** zu handeln, die **in der senkung vor der ersten hebung oder dem auftacte** erlaubt sind, und von den **feinheiten, die in der letzten senkung des verses**, wenigstens bei stumpfem schlusse, beobachtet werden müssen. Der vers endet nämlich entweder stumpf, d. h. mit der hebung, oder klingend, d. h. mit der senkung; es entspricht dies nicht völlig dem antiken und modernen schema, insoferne versschluss mit überschüssiger stummer nach kurzer stammsilbe (*sage, leben*) und mitunter auch tieftoniger schluss (*sagent*) dem eigentlich stumpfen gleichgeachtet wird.

§. 24. Auftact. Der auftact ist überall zulässig, kann jedoch in epischen gedichten überall fehlen: in der lyrik hängt dies vom baue der strophe ab, weil die einander entsprechenden verse in den verschiedenen strophen eines tones symmetrisch gebaut werden und weil die dichter sich des unterschieds zwischen jambischem und trochaeischem rhythmus, der durch auftact oder mangel desselben bewirkt wird, sehr wol bewusst sind. In lyrischen gedichten fehlt der auftact in der regel nur, wenn entweder der sinn eines verses mit klingendem schlusse in den folgenden übergeht *(a)*, oder wenn das erste wort nachdrückliche betonung erfordert *(b)*. (Wilmanns Walther, s. 39.) Der auftact ist diejenige stelle des verses, wo am häufigsten die verkürzungen im sinne des §. 12 eintreten, insbesondere synaloephen jeder art *(c)*. (Nicht bei Konrad von Würzburg, der nur vor vocalischem anlaute verschlingung zulässt; zu Engelh. 275.)

Die wichtigste freiheit, die im auftacte gestattet ist, besteht darin, dass er nicht dem gesetze der einsilbigkeit der senkung unterworfen ist: der auftact kann zweisilbig sein; die erste silbe soll immer etwas höher betont sein*), also trochaeischer fall herrschen *(d)*.

Nicht alle dichter lassen zweisilbigen auftact zu, die lyriker wol im spruche, im sangbaren liede äußerst selten und nur verschleifbare silben (vgl. die stelle aus MSF. 3, 19 oben II. §. 11, anm.), die epiker oft arge härten *(e)*; zwischen den liedern der Nibelunge nôt waltet hierin ein unterschied: in der behandlung der zweiten hälfte des langverses herrscht größere strenge; das II., III., VI., IX., XV., XVI., XIX. lied enthalten sich zweisilbigen auftactes gänzlich; am häufigsten hat denselben Gottfried von Straßburg.

Selbst dreisilbiger auftact mit erhöhter mittlerer (amphibrachys ∪ — ∪ für trochaeus — ∪) ist zulässig *(f)*. „Der auftact erträgt in dem freieren verse des erzälenden gedichtes nicht nur recht gerne zwei silben (nur dass die erste höher sein muss als die zweite), sondern auch drei silben haben nichts auffallendes, wenn nur die mittelste unter ihnen höher als die beiden übrigen

---

*) Die höhere betonung im auftact bezeichnet man seit Beneke mit dem gravis (zu Iw. 3752, zu Flôre 239).

IV. Besondere stellen im verse. 43

ist und doch bedeutend tiefer als die erste hebung; zumal wo der dichter eben den ausdruck der raschheit beabsichtigt; denn mit dem verse zu malen ist jeder poësie notwendig und die dichter des 13. jhdts. taten es nicht ohne kunst" (Beneke zu Iw. 3752, Lachmann ebda.).

a)   Walth. 122, 18. *nû müeze got erwenden*
        unser arebéit.

b)   Walth. 63, 3. *getrûgene wât ich nie genům:*
        dise nam ich als gérne ich lébe.

c)   Sperv. (MSF.) 26, 2. *do gewán er ŕuedegéres muot.*
   Reinm. (MSF.) 196, 38. *in gelöbe daz si genâde an mir begê.*
     Nib. 54, 3. *so ich aller béste kán.*
      433, 3. *sine möhte mit ir kréfte des schúzzes*
        niht gestán.
    Parz. 378, 15. *du erhál mane ŕichin tjóste guot.*

d)   Nib. 598, 1. *im und Sîvride ungelîche stúont*
        der muot.
      (auft. des 2. halbverses.)
     1019, 1. *die dir hûnt beswáret und betrüebet*
        dínen muot.
      (auft. des 2. halbverses.)
     1783, 4. *daz si úngetriulîche vil gérne*
        hâten getán.
    Trist. 955. *ouch rergie sín sénelich gescheit.*
     4588. *mit beschéidenlîcher ŕicheit.*

e)   Iw. 2929. *ouch swuor ér, des in dîn liebe twáne.*
   Flôre 2259. *wan dô got hiez wérden ander wîp.*

f)   Iw. 2170. *si bietent sich zuo iuwern füezen.*
    3752. *er wære hóresch biderde únde wîse.*
   Nib. 1900, 4. *daz hábe dir ze bútschéfte.*
    2116, 1. *ir wider sagt uns nû ze spâte*
      (die beiden einzigen fälle in den
      Nibelungenliedern).
   Parz. 105, 8. *die ritter sprâchen: wirst gewúnnen...*
    486, 18. *und dô sô máneger fróuwen cúrwe*
        glánz (úf gienc).

IV. Besondere stellen im verse.

§. 25. Der einsilbige auftact mit folgender hebung und senkung entspricht gleichfalls einem amphibrachys $\cup — \cup$: an die stelle des jambus kann ein trochaeus, somit an die stelle aller drei silben ein dactylus treten, eine vollständige verkehrung: den vers beginnt ein zweisilbiges wort (bei Konrad von Würzburg nur *beidiu zwischen unsér*, zu Engelh. 3056) mit langer, an sich hochtoniger erster, das jedoch den accent in schwebender betonung auf die tonlose zweite legt, welcher noch eine senkung nachschlägt. (Hahn zu Otte, s. 18) *(g)*. Die figur hiefür ist strenge genommen nicht der reine alte dactylus, wie man wol liest, sondern $— \cup \cup$.

Denkt man sich in diesem falle noch einen auftact, so erhält man die **überladung des ersten fußes**, bei der aber auch der accent auf der zweiten (langen) liegt: $\cup\ '\ \cup\cup$, also für auftact, erste hebung und senkung vier silben (bei dreisilbigem auftacte fünf), aber mit irregulärer stellung des accentes, schwebender betonung *(h)*. (Erscheint nie bei Hartmann; Klage 1553. 1895? 2145; Nib. 1803, 2. 1811, 2. 1813, 2., zalen. die deutlich genug sprechen.)

Etwas häufiger ist der fall, dass an die stelle der dem einsilbigen auftacte folgenden hebung und senkung (also statt amphibrachys) ein (jambisches) wort mit dem hochton auf der zweiten tritt *(i)*, so dass ein creticus $'\ \cup\ '$ (oder $\cup\cup\ '$) entsteht (zu Iw. 1118): in der mittleren silbe der beiden wörter, von denen eines ein-, das andere zweisilbig ist, unbetontes *e*.

Alle in diesem paragraph aufgezälten fälle sind nur in der epischen dichtung möglich.

Die möglichen fälle teilen sich also in regelmäßigen (§. 24) und irregulären auftact (§. 25), je drei fälle *(bdf, ghi)*: $\cup\ '\ \cup,\ \cup\cup\ |\ \cup,\ \cup\ '\ \cup\ '\ \cup;\quad \cup\cup,\ \cup\ '\ \cup\cup,\ \overset{\cup}{\cup}\ \cup\ ';$ überall ist es aufgabe eines correcten vortrages, die tatsächlichen härten durch möglichst gleichmäßige verteilung des tones erträglich zu machen.

g) Nib. 1628, 1. *miné ril lieben hêrren*.
2001, 2. *einén gêr ligen rant*.

IV. Besondere stellen im verse. 45

    Flôre 3307. *heilîs und langer wünne.*
    Parz. 452, 22. *vischê noch vleisch: swaz trüege bluot.*
h) Klage 1553. *den marcgrâven Rüedegêre,*
    Nib. 1803, 2. *hete iemen geseit Etzeln die rêhten mære.*
    Krône 569. *die vürsten begunden rîten.*
i) Iw. 1118. *er genâs als ein sælic man.*
    Nib. 1224, 3. *ez entuo danne der tôt.*
    Alph. 87, 2. *wandez mir kumberlîchen stât.*

Anmerkungen.

1. Der fall h), der einigemale — 23 stellen unter 30.000 versen — in der krône Heinrichs von dem Türlin begegnet, hat den herausgeber zu der falschen auffassung verleitet (s. XII), dass nach der ersten hebung zweisilbige senkung zulässig sei: das richtige gibt die obige erklärung.

2. Diese freiheiten gelten, wie gesagt, nur für das epos; die lyriker lassen schweren oder dreisilbigen auftact überhaupt nicht zu, zweisilbigen nur ganz ausnahmsweise. Die fälle in MSF. stellt Haupt zusammen zu 154, 21; es sind eilf mit synaloephischer verkürzung vor cons. vorsilbe: *do ge-* 8, 11. 26, 2., *do be-* 26, 1., *so ge-* 37, 7. 46, 15. 82, 7. 152, 36., *si ge-* 13, 4. 50, 9., *si be-* 39, 3., *nu ge-* 100, 7.; dreimal *ich er-* 70, 6. 70, 15. 77, 32., sämmtlich bei Ulrich von Gutenburg; dreizehnmal vollworte, hievon fünf fälle bei „Spervogel", Artikel oder Praepositionen, die beiden schwersten bei Dietmar von Eist 36, 24 *umbe (vangen)* und 37, 22. *miniu;* synaloephe der negation im zweisilbigen auftact zweimal bei Reinmar 181, 35. *in erlóube* und 196, 38. *in gelébe;* selbst der volkstümliche Nithart meidet zweisilbigen auftact (zu 49, 13.); dagegen lieben ihn manche epiker, so Fleck (zu Flôre 11.).

§. 26. **Versschluss.** Ganz besondere aufmerksamkeit ist dem schlusse des verses zuzuwenden: hier zeigt sich die außerordentliche feinheit der altdeutschen metrik.

Die regeln, die Lachmann aus der prüfung des gesammten ihm zugänglichen altdeutschen materiales *) abstrahierte, beziehen sich auf den versschluss durch (natürlich stets hochtonige) monosyllaba.

    *) Er beruft sich wiederholt darauf, dass ihm „manches ungedruckte" durch die hand gegangen. Um seine anführungen zu würdigen, muss man nicht nur seine eigenen ausgaben bedenken, sondern auch, wie viel weniger ihm im druck vorlag als uns, denen z. b. der litterar. verein jahr um jahr seine gaben bietet und die wir doch z. b. der kenntnis eines so wichtigen und fruchtbaren autors, wie Rudolf von Ems, noch fast gänzlich entraten.

Als grundsatz gilt: an vorletzter stelle darf keine zweideutigkeit vorkommen; an vorletzter stelle, ob sie nun senkung oder, wenn diese fehlt, hebung sei (die letzte hebung ist natürlich das schließende, meistens, wenn wir es nämlich nicht mit einer weise, die übrigens fast nie stumpf sind, zu tun haben, auch reimende einsilbige wort). Es ist jedoch ein unterschied zu machen, je nachdem das schlusswort consonantischen *(A)* oder — der heiklere fall, der größere strenge und genauigkeit erfordert: vocalischen *(B)* anlaut besitzt.

> Anmerkung. Die ursache der ziemlich complicierten regeln ist uns unbekannt, sie dürfte nicht sowol eine rhythmische oder musikalische, als vielmehr eine physiologische sein, bestimmt durch rücksichten nicht der eurhythmie, sondern der euphonie. Der obige grundsatz lässt sich auch so fassen, dass an vorletzter stelle nur, was leicht zu sprechen und deutlich zu hören ist, gestattet ist. Auch diese regeln hat Pfeiffer Germ. 3, 59—80 schlechtweg geläugnet und Bartsch und consorten setzen sich in ihren „classikerausgaben" über dieselben einfach hinweg, obwol Bartsch, unt. über d. Nibl. s 129, ganz ähnliches entwickelt! Zarncke gibt in seiner Nibelungenausgabe Lachmanns regeln ausführlich und richtig, jedoch „mit einiger reserve", aus der er in zwanzig jahren und fünf auflagen (s. Nibl. 5. aufl., 1875. s. CXII.) nicht herauszutreten gelegenheit gefunden hat.

§. 27. *A*. Vor consonantischem anlaute. Wenn ein stumpfer vers mit einem einsilbigen, consonantisch anlautenden worte schließt, erfordert die vorhergehende senkung besondere sorgfalt, indem alle schwereren verschleifungen und fühlbaren kürzungen vermieden werden müssen.

Die grenze des zulässigen *(k)* ist nicht in kurzen worten auszudrücken, weil der gebrauch der einzelnen autoren allzu verschieden ist. So ist Parz. 420, 27 der Gúnther riet oder 532, 13 Ámors gêr, nicht zu dulden, sondern die vollständigen verse sind zu lesen: *als tuot des hêrn Ámóres gêr* und *der künec Gúnthêre riet*. Die dritte, harte art der verschleifung (bei consonantischem schlusse, §. 10 *e*) ist an dieser stelle, also selbst vor mehrsilbigem schlusswort, durchaus zu vermeiden (zu Iw. 1159).

Im Iwein meidet Hartmann, mit ausnahme von stämmen in liquida oder *t (künde wol, diente mir)*, selbst dreisilbige praeterita und participia, die er im Erec noch duldet: *möhte sich, úngewárnte schar* (doch vgl. §. 28 o) das beispiel Iw. 3216). Am strengsten sind die Nibelungenlieder, in denen selbst ehemals zweisilbige wörter vermieden werden, also weder 599, 4. hie in án ein wánt, noch 307, 1. die sach man dá' für gán, sondern *hie in an éine wánt* und *die sach man für gán*. Lachmann sagt zu eben dieser stelle: „Diese volksdichter, die für richtige betonung und für die feineren verhältnisse der teile des verses natürlich ein zärteres gefühl haben als die gelehrten, meiden verkürzte einsilbige wörter mit betontem vocal; . . . . nur *von der ir im* brauchen sie vor consonanten ziemlich oft so, seltener *vil* oder *wol, der* als gen. plur. zweimal, *dar* dreimal, *an* einmal, schwerlich *her, án* mit folgendem *n*, *unt* nur höchst selten; den dativus *dem* nur vor *m* und nach praepositionen, wo es tonlos wird oder mit ihnen verschmilzt." Die Nibelungenlieder gehen hierin so weit, dass sie sich lieber eine grammatische incorrectheit als eine metrische härte erlauben (schwache dative des adj., wo starke declination geziemt), was zwar bestritten wurde (Bartsch, unt. s. 130, fg.), aber in dem übereinstimmenden verhalten Konrads von Würzburg seine bestätigung findet (zu Engelh. 43. 809., W. Grimm zu Freidank 165, 16).

Zulässig sind jedoch kürzungen vor gleichem laute: *án* vor *n; unt* vor *d*, aber auch vor *l*, bei Walther (zu Nib. 934, 2.) nur vor letzterem, im Erec auch noch vor anderen consonanten: *hin unt hér, wîp unt mán* (zu Iw. 4365), in solchen formeln wol auch bei anderen; *umb* vor *m* und *w* (zu Iw. 2754); endlich syncopierte flexion auf -*n* nach liquidalstamme: *nifteln, andern* u. dgl. (zu Nib. 305, 1). Über Gottfried von Straßburg s. u.

Die folgenden beispiele sollen die grenze des erlaubten bezeichnen.

k) Erec. 2355. *dâ wás ouch túrnierens zît.*

2616. *manec rós erlédégte dâ* (zu Iw. 881: „verwegen").

Erec 9384. Êréc erbármte sich.
Nib. 856, 1. mit hêrlîchen sîte (vgl. Engelh. 43).
1288, 4. grüezen al die Ézeln man (Etzeln wäre
 an letzter stelle unmöglich, Etzélen
 um eine hebung zu viel).
1462. 3. béadenthálp der bérge wéinde wîp unt man.
1865, 1. éinem ándern man.
2229, 1. béidiu wider unt dan.
Parz. 592, 26. man unt ors gewâpnet gar (vgl. §. 28 o),
 Parz. 196, 21).
596, 17. swér gein im tjostierens pflac.
Engelh. 43. ir hânt ûf érden wérden man
 besliezen sîne schrîne kan (durch
 ihren binnenreim — auch für die
 Nibelunge — beweisende stelle).
809. geschæhe ir éinem stérbens nôt.

§. 28. *B.* Vor vocalischem anlaute. Bei vocalisch
anlautendem stumpfen versschluss ist die quantitaet der
vorhergehenden silbe zu beachten.

Wenn die letzte senkung fehlt, muss die vorletzte
hebung entweder von natur lang sein *(l)* oder, wenn sie kurz
ist, enden auf liquida *(m)* oder mehrfache consonanz *(o)*,
wozu auch *z ch sch ph* zält *(n)*. Der auslaut *z* (= ß) scheint
gestattet, wenn er der verdoppelung nicht fähig ist; bei
einigen auch *s*, wenigstens die wörtchen *ez daz was;* immer
die praep. *mit (p);* bei tonlosen silben auch der wortschluss
-ec -es -et -ez (q). Unzulässig sind also als auslaut an dieser
stelle *b d g p t k f h*.

Hauptstelle zu Iw. 4098. *s. 467—470:* „mag ich ist
am schlusse des verses unerlaubt, denn da die media die
wörter verbindet, so entstünde an einer stelle, die nur reine
verhältnisse duldet, entweder *magich* mit einer wenig deutschen betonung oder *mâgich* mit einer verlängerung der
kurzen silbe, dergleichen sich Hartmann nur in fremden
wörtern erlaubt, wie *sámît* und *pinéiz;* ebenso fehlerhaft
sind, ob sie gleich im Tristan vorkommen, die versschlüsse

leb ich, so ergib ich, ob in, lag er, sag an, waz red ich, des gih ich. Aber auch *mac ich* oder *mac ich* sind nicht erlaubt, und überhaupt vor vocalanlaut der letzten silbe stumpfreimiger verse nach betontem kurzem vocal keine tenuis, keine media, kein *h*, kein *f* (s. o.) . . . untadelhaft sind von auslauten kurzer betonter silben, außer *daz ez* und *mit*, nur die liquiden in verkürzten wörtern, *dar var ich, her abe*, auch in vollständigen, namentlich bei Hartmann, *die mir ie, stach er in, wil ich, der ist, nim er, den eit*, endlich . . . *ch, bin ich in, unmanlich ie, sprich ich*, und *sch, harnasch an;* bei den langsilbigen durch langen vocal oder auslautende consonantenverbindungen nach kurzem betontem keine beschränkung, *kampf an, leist ich, niht abe, getwerc ie, jenenthalp er, gar âz in, sluoc er, âf in, grîf an, sorg ich, lid ich, ein wip ist, urloup abe;* obgleich die verkürzten nicht allen dichtern gleich genehm sind (zu Walther 110, 33.); von auslautenden verdoppelten consonanten wird man schwerlich mehr als *nn* nach kurzem betontem vocal finden." (Vgl. zu MSF. 193, 8.)

Alle diese fälle *(l m n o p q)* gelten sowol bei ausgefüllter als fehlender letzter senkung; man kann nicht behaupten, dass die letzte hebung etwa minder empfindlich wäre als die letzte senkung: „der auslaut der letzten senkung steht unter demselben gesetz wie der der vorletzten hebung" (Zarncke, Nib. ⁵· s. CXIV); dagegen ist hiatus in jeder form nur zulässig von hebung zu hebung, von senkung zur hebung nach langer *(r)*, selten aber außer bei Hartmann, der gerade hiefür vorliebe hat, nach kurzer stammsilbe *(s)*. Letzteren meiden sonst die besten dichter; Konrad von Würzburg duldet an derartiger stelle vocalischen auslaut überhaupt nicht (zu Engelh. 545).

Elision ist nur zulässig nach langem stammvocal, nach doppelconsonanz und liquida, jedoch in der regel nur vor *ist* und formen des pron. personale (zu Iw. 7438); dann aber völliger abwurf des auslautenden vocals *) (Hauptstelle zu Iw. 7764, " s. 545—548) *(t)*.

---

*) Lachmann a. a. o., s. 545, spricht von apokope, weil keine verschlingung, sondern eben völliger abwurf eintritt; wir haben aber oben den gebrauch des wortes apokope auf den fall vor consonantischem anlaute beschränkt.

IV. Besondere stellen im verse.

Erlaubt sind also nur: wörter mit unzweifelhaft langer silbe (strengere bestimmung der positionslänge) und wörter mit liquidalauslaut; einige nicht apokopierte bildungssilben; dann elision nach doppelconsonanz und liquida; endlich hiatus, uneingeschränkt aber nur nach langer stammsilbe.

Über alle diese regeln setzt sich Gottfried von Straßburg hinaus, „der ein für diese feinheit ungebildetes ohr hatte" (zu Iw., 4 s. 469).

l) Willeh. 272, 21. *min hérze gilt etwés úf in.*[1]
m) Nib. 768, 1. *sît er din éigen ist.*
2112, 2. *nû wért iuch über ál.*
n) Iw. 6514. *ern erkunte sît noch ê.*
Nib. 1317, 1. *dâ schiften sie sich án.*
o) Parz. 185, 5. *júng unt alt.*
196, 21. *dâ wart er wol gewápent ín.*
315, 25. *und bin gehíurer doch dann ir.*
p) Bit. 2903. *ril kûme gesáz ér.*
Greg. 3083. *gerúeret hûten si mit ím .....*
Nib. 333, 4 *sô maht dâ mit ir (= mittir) immer vrólíchen lében.*
401, 3. *durch dich mit im (= mittim) ich hér gerárn hán.*
1056, 1. *dô trúogen si daz ín.*
Walth. 40, 30. *dáz was ich.*[2]
Trist. 2578. *an demsélben wége sáz ér.*
Willeh. 30, 9. *trúoc mit kréfte únd mit árt.*
q) Bit. 2725. *dáz uns iemen ritet án.*
Iw. 7259. *ir slége wären kréftec ê.*

---

[1] Wer Lachmanns regeln längnet, die völlige gleichgiltigkeit des versschlusses behauptet u. s. f., wie dies mode ist, der überzeuge sich von der sorglichkeit der autoren, indem er für diesen unanstößigen, gleichgiltigen fall die beispiele etwa in Nib., Iw., Engelh., MSF. u. a. zusammensuche! Sie sind ganz vereinzelt: wol ein beweis dafür, dass sorgfältige autoren vocalisch anlautendes monosyllabon an letzter stelle meiden, da doch zalreiche formwörter zu solchem satz- und versschlusse einladen.

[2] Kaum glaublich, vermutlich *bin ich*. Lachmann.

Nib. 1150. 3. *swie siz getrüget ûn.*
  1316, 2. *done künde nieman wizzen, wil des rîlkes üht.*
  1692, 1. *wie sol ich erkénnen, daz ér so grimmer ist.*[1]
  1978, 4. A. *dô lief er Gúnthéren, der Búrgónden künec ûn.*
  Parz. 277, 5. *unt des nôt ir habt gehöret ê.*
  Willeh. 162, 2. *umb den zórn dén ir hörtet ê.*
r) Klage 37. *als diu élle Hélche ê.*
  Bit. 883. *diu kam in ril tiure ûn.*
  Iw. 1212. *nû stúont ein bétte dâ bî ín.*
s) Iw. 564. . . . *waz diu réde ist.*
  Ulr. v. Türh. Trist. 2631. *diu künegin stúont úbe im.*
t) Iw. 7437. *daz ir dâ mínnet, dáz minn ich:*
       daz ir dâ sórget, dáz sorg ich.
  Arm H. 729. *und dírre wérlde vólgend ist.*
  Walth. 110, 33. *wéss ich waz si wólten dáz sung ich.*
  Parz. 483, 25. *daz in der früge wärnt iht.*[2]
u) Einige freiere stellen aus der Nibelunge nôt:
  34, 3. *nách ritterlícher ê.* — 212, 2. *ein ánder liefens ûn.*
— 408, 4. *schéin liehte dár ûn.* — 614, 3. *daz ir iht árbéite*
lûdet ûlsam ê. — 2145, 1. *sô liezen si dar in.*[3]

Anmerkung. Auch wenn ein mehrsilbiges wort die verszeile schließt, fordert die letzte senkung des stumpfen verses besondere achtsamkeit: so ist der schwerste fall der normalen verschleifung nur bei klingendem versschlusse zulässig: *liezen erwérben*, aber nicht: *willen erwárp* (zu Iw. 1159).

V. Reim.

§. 29. Mittelhochdeutsche verse werden durch endreim gebunden: eine reimlose zeile inmitten gereimter heißt **waise**. Endreim, vollreim oder schlechtweg **reim** ist der **gleichklang der schlusssilben eines wortes** (od. verses) **bei ungleichem anlaut**: reim mit gleichem anlaute ist eine nur unter bestimmten bedingungen zulässige ausnahme, s. §. 31.

[1]) In den Lachmannischen ausgaben, leider auch in den stereotypierten, druckfehler: grimmic; trotz Iwein⁴ s. 468, z. 10 v. o.
[2]) Von Lachmann zu Iw. 7764 emendiert.
[3]) „Beispiele mit langem vocal kommen nicht vor." Zarncke Nib.⁵ s. CXVI.

Der reim erstreckt sich über eine, zwei, seltener drei silben und heißt demgemäß stumpf, klingend oder gleitend; immer aber muss die erste (also beim stumpfen einzige) reimsilbe in der hebung stehen: **der reim geht von der hebung aus.** Darnach ist also der stumpfe reim der gleichklang der letzten hebung, der klingende der gleichklang der letzten hebung und der folgenden tonlosen senkung (über eine andere definition s. §. 32). Tonlos aber ist die letzte senkung des klingenden reimes deshalb, weil ein stummes *e* im reime stets verschleift werden muss (II. §. 10 und I. §. 5, anm. 3 schluss; doch s. auch unter den beispielen zum ungenauen reime s. 54, Serv. 2053).

Anmerkungen.

1. Unsere ganze darstellung beruht auf dem grundlegenden, in keinem wesentlichen punkte überholten hauptwerke „zur geschichte des reimes" (GR) von Wilh. Grimm (Abhdlg. der k. Akad. zu Berlin, 1851, s. 521—713). Eine vollständige lehre vom mhden. reime kann nur in historischer entwicklung gegeben werden, die dem zwecke und umfange dieses buches ferne liegt. Der reim entwickelt sich aus einem zustande arger verwilderung — in der ersten hälfte des XII. jhdts. gelten noch assonanzen wie *capelan: tragen, komen: virnemen, gevcken: her, vole: tone* u. dgl. (sämmtl. aus dem Trierer Silvester, HZ. 22, 175 fg.) — zur höchsten, unsrer modernen sprache und dichtung absolut unerreichbaren feinheit.

2. Der klingende reim ist der althochdeutschen poësie fremd; er entwickelt sich aus dem gleichklange jener gehobenen silben, die der einen eigentlich reimtragenden bildungssilbe voranstehen (*heptidun: lezidun, Franko: githanko* Otfr.; *luginâri: skâchâri* u. dgl.). Mit dem verluste des vollen tones und dem eindringen des tonlosen *e* entschwindet allmälig den flexionssilben die fähigkeit, die letzte hebung zu tragen; ihr zäher widerstand lässt sich durch die einzelnen denkmale des XII. jhdts. so scharf verfolgen, dass der grad der reimgenauigkeit ein hauptmittel zur altersbestimmung geworden ist; zwanzig jahre nach dem eindringen des klingenden reimes in die epik erscheinen in den Nibelungenliedern noch reime wie *vóten: gnóten, quâmén: benámén, Kriemhildé: schildé, ménegé: dégené* u. ä. als stumpfe, in der bearbeitung C jedoch schon als klingende aufgefasst. Dadurch verliert der vers am ende eine hebung, indem diese worte, die bis dahin zwei hebungen trugen, nun als hebung und senkung gelten, so dass aus einem viermal gehobenen verse

mit stumpfem schlusse ein dreimal gehobener mit klingendem schlusse geworden ist. „Zuerst wendete Veldeke den klingenden reim nach fester regel an, wiewol man ihn auch in dem etwas früheren gedichte von der hl. Margareta, bei Friedrich von Hausen und dem Spervogel*) anerkennen darf (muss!); der dichter des Pilatus schließt sich diesen an; das Nibelungenlied, Walther und Hildegund wehrten sich noch dagegen, Reinmar lässt ihn zu. Hartmann in seinen liedern nur selten: in das lied von Gudrun drang er als gleichberechtigt ein, und in der Titurelstrophe siegte er vollständig." (GR. s. 702 fg.)

§. 30. Ungenauer reim. Der reim fordert völligen gleichklang, so zwar, das nicht nur die schließenden oder umgebenden consonanten, sondern auch die reimtragenden vocale identisch, d. h. von gleicher qualitaet und quantitaet sein müssen. Aus der entwicklung des reimes (§. 29, anm. 1, 2) erklärt es sich, dass sich hin und wieder ausnahmen, ungenaue reime finden.

Häufig entspringen diese ungenauigkeiten im reime aus der mundart des dichters, namentlich aber aus der bewahrung altertümlichen brauches, indem die ältere dichtung bei gleichem vocal verschiedene, jedoch nicht ungleichartige consonanten (degen: geben, lip: nit), bei gleichem consonanten verschiedenen, nur verwandten vocal zuliess (Gêrnôt: tuot).

Die ungenauen reime lassen sich also scheiden in

I. vocalisch ungenaue:
    a) reim zweier vocale von ungleicher quantitaet;
    b) reim zweier vocale von ungleicher qualitaet (*e : ë*); häufig
    c) mit mundartlicher oder (oft zugleich) archaiistischer färbung;

II. consonantisch ungenaue:
    d) reim bei ungleichheit der schließenden oder umgebenden consonanten; selten

---

*) Bei „Spervogel", wo noch *êrè: sèlé, wildés: goldés* stumpf gebunden wird, schließen sämmtliche 52 strophen (also des älteren, wie des jüngeren dichters) in MSF. klingend, darunter 5 ungenau; auch die Trierer fragmente haben bereits den klingenden reim. Am besten lässt sich das eindringen der neuen form und das verhalten eines feinsinnigen, gewandten poëten beobachten an Friedrich von Hausen, s. z. b. den ton MSF. 43, 28—44, 12.

e) mit mundartlicher färbung;
f) reim mit überschüssiger consonanz in einem reimworte (gewönlich -*n*).

a)
    Bit. 12407. . . . *mit brunnen badeten ab den râm*
                         etelichem derz rernam.
    Nib. 1390, 1.   '*über dise siben naht*
           sô künde i'u diu mære   wes ich mich hân bedâht.'
    Parz. 242, 3. *dar kom geriten Parzivâl,*
                  man sach dâ selten freuden schal.
    Willeh. 298, 3. . . . *dâ Tybalt sprichet nâch,*
                    waz mir ze stiur von im geschach.
    Kudr. 1090, 1.   '*ich kum vil gerne dar,*
    dâ wirs gewinnen widere des ist driuzehen jâr, . . . etc.'
Kudr. 613, 3. *(si) muosten wider rîten ze Ormanie verre.*
           ir arbeite erkômen   Ludewîc und Hartmuot dô vil sêre.[1])
    Willeh. 290, 23. *dô sprach er: 'vrouwe geloubet mier,*
                 ich bin ein armer bûtschelier.'
    Parz. 239, 25. *der sprach 'hêrre, ich prühtz in nôt*
)
                in maneger stat, ê daz mich got
                ame libe hat geletzet.'
    Serv. 2052. *si riefen algemeine*
              zuo dem almehtigen gote.
              ir dinc sich dô bezzeróte.[2])

b)   Bit. 9016. *in din hâmit getân*
              wurden die helde dicke;
              als manec küener recke . . .
        3787. *ûf die wagen hiez dô legen*
              Hornboge und Râmung der dëgen . . .
    Nib. 210, 3. *Sindolt und Hûnolt und Ortwîn der dëgen.*
    die kunden in dem strîte zem tôde manegen nider legen.
    Kudr. 1631, 3. *si tâ'enz im ze liebe und stuonden von dem sêdele.*
    er was bevollen küene: dar zuo was er rîche unde êdele.
    Engelh. 4176. *dar umbe daz er übersehen*
                mîn alten sünde welle
                und er mich niht enwelle
                an dirre niuwen unschult.[3])

[1]) Doppelte, auch consonantische ungenauigkeit.

[2]) Unorganische verlängerung oder verkürzung, *gôte* oder *bezzerote*, anzusetzen: bei einem niederd. wäre ersteres sicher, Germ. 3, 502; bei einem hochd. ist letzteres wahrscheinlicher.

[3]) Konrad lässt *e : ë* zu vor mehrfachen consonanten, nie vor einfachem (zu Engelh. 1611; doch vgl. gerade zu diesem beispiele noch: zu Flôre 157).

V. Reim.

c¹) Walth. 31, 18. *er seit uns danne wie daz riche stê verwarren,*
　　　　　　　　　　unz in erfüllent aber alle pfarren. ¹)
　　Nib. 421, 5. (B!) *daz wizzet sicherlichen　si soldenz wol bewarn*
　　　　　　　　　　*und hat ich tûsent eide　ze einem vride geswarn.*²)
　　581, 1.　　　　　　　　　　　*die sûmpten sich des nieht,*
　　　　　　　　ir riche kameraere　die brâhten in diu lieht.
　　Willeh. 75, 25. *wan ez was tiwer unde lieht,*
　　　　　　　　　der marcrâve tet im nicht.
　　Bit. 6207. *sînen bruoder Gêrnôten*
　　　　　　　und Giselhern den guoten.
　　Nib. 2033, 1. *dô sprach zuo dem künige　der starke Gêrnôt:*
　　　　　　　　'*sô sol in got gebieten,　daz ir vriuntlichen tuot.*'
　　Nib. 332, 1. *des antwurte Sîfrit　Sigmundes suon:*
　　　　　　　　'*gist du mir din swester,　sô wil ich ez tuon.*'
　　Willeh. 72, 21. *(er sah) der werden Gyburge suon.*
　　　　　　　　　er wolde de ersten tjost dâ tuon.
　Kudr. 1603, 3.　　　　　　　　　　*man luot sîne soume.*
　　　　　　*daz gevriesch vrou Hilde:　si werte in der reise harte kûme.*³)
d) Reinm. MSF. 160, 4. *dâ heb i'z ûf und legez hin wider dâ ichz dâ nam,*
　　　　　　　　　　als ich wol kan.
　　Erec 8018. *der wirt ist sîn schein.*
　　　　　　　als noch ie an im schein . . . .
　　Kudr. 856, 1. *si gâhten zuo dem lande,　daz man wol vernam*
　　　　　　　　*diu ruoder an den handen　krachen manegen man.*⁴)
　　Alph. 286, 1. *dâ mit er dem helde Heime　ein tiefe wunden sluoc,*
　　　　　　　　daz daz bluot einer ellen lanc　durch die ringe wuot.
334, 3. '*daz wil ich ouch an den stunden*'　*sprach Eckehart.*
　　'*so wil ich ouch mit in riten　sprach Hûc von Tenemarc.*
Willeh. 241, 27. *sîn lip entwarf sich undern schilt,*
　　　　　　　　swaz mâler nu lebendic sint (ist sölch geschickede unbekant).
Sperv. 27, 3. *die hêrren sind eraget.*
　　　swer dâ heime niht enhât, wie maneger guoter dinge der darbet.
　　Parz. 53. 19. *er teilte grôze gâbe*
　　　　　　　　sîne man, sîne mâge
　　　　　　　　nâmen von im des heldes guot.
Kudr. 1491, 3. *solte ich sparn die vinde?　daz tæte ich ûf mich selben*
　　　　　　　des folge ich iu nimmer.　Ha! tmuot nuoz sîner vrevele engelden

　¹) Einziger bedenklicher klingender reim Walthers, austriacismus:
„hier verrät W. seine österreichische mundart" Lachm. s. 162; sonst hat
W. nur noch drei ungenaue reime, bei Pfeiffer s. LVI verzeichnet, *62, 31.
getar: wâr, 63, 3. genam: spileman, 81, 23. rîch: sich.*
　²) Zugleich archaiistisch und dialectisch.
　³) „Grobdialectisch". Martin s. IX.
　⁴) Binnenreim = f.

Helmbr. 397. *(yap)* *vier müttc kornes:*
owê dir, guot verlornez!

c Nib. 1674, 1. *Dancwart Hagen bruoder   der was marschalch;*
der künec im sin gerinde   rlizielich bevalch.
2147, 3. *(si sluogen) durch die vesten ringe   rast unz ûf daz verch,*
si tâten in dem sturme   diu vil hêrlîchen werch.
Kudr. 1166, 1. *ez was in einer rasten   umb einen mitten tach*
ein vogel kam geflozzen   Kûdrun dô sprach: ...[1])

f)   Kürenberc 8, 9 *jô stuont ich nehtint spâte   vor dînem bétte:*
do getorst ich dich, frouwe,   niwet wécken.
9, 33. *diu wil mich des betwingen,   daz ich ir holt sî.*
si muoz der miner minne   iemer darbende sin.

Sperv. 26, 17. *zwên bruoder die gezürnent*
und underzimnent den hof, si lânt iedoch die stigelen unverdürne'.
Bit. 6455. *daz er und die Amelunge*
die alten und die jungen ...[2])

Kudr. 1700, 2.   *si unde ir meidin*
verwendicliche giengen   ûz Matelâne.
ir sorge hete nû ende   man gesach nie niht sô wol getânes.[3])

Sperv. 29, 24. *wir suln daz obez teilen:*
wirt ir einez drunder fûl, ez bringet uns daz ander ze leide (d+f).

MSF. 18, 25. *Ich hôrte wîlent sagen ein mære,*
daz ist mîn aller bester trôst;
wie minne ein sælekeit wære
unde harnschar nie erkôs.

Hier wird passend auch zusammengestellt, welche formen die classische dichtung, vor allen das Nibelungenlied, nicht duldet. Zum reime untauglich sind (ZnL.):

1. Kurze betonte vocale im auslaut: *nu, du, si, sî*; sie ist nicht selten, wenn auch von Konrad von Würzburg vermieden. (Diese ausnahme zeigt, wie sehr die pause am schlusse empfunden wurde: sie ist dem grundsatze, dass wortschluss position mache, zu vergleichen.)

2. Die adjectivendung *-iu*, wieder mit ausnahme der zalwörter *driu, vieriu* u. s. f. (zu Nib. 2091, 3.); die endung galt im XIII. jhdt., wie es scheint, bereits als zu schwach, den stumpfen reim zu tragen; darum meiden sie gute dichter,

---

[1]) Zu Iw. 4431.
[2]) In der Kudrun ganz gewöhnliche form. Martin s. IX; dagegen
[3]) überschüssiges *s* ganz vereinzelt.

wie überhaupt reime in *-iu* ziemlich selten sind; doch werden formen wie *diu* (instr.), *iu* vereinzelt von den strengsten meistern im reime gebraucht.

> Greg. 633. *der leide wâren vieriu*
> *der diu vrouwe al eine driu*
> *gar an ir in den ziten truoc.*
>
> Walth. 18, 7. *er saltz doch iemer hân vor iu,*
> *alsô der weize vor der spriu.*
> *singt ir einz, er singet driu.*[1])
>
> Iw. 7587. *'von rehte sicher ich vou diu'.*
> *'nein, herre geselle, ich sicher iu.'*[2])
>
> Engelh. 74. *heinlichiu richiu diuc si spehent.*[3])

3. Der dativ sing. masc. und neutr. des starken adjectivums auf *-iu*, als ursprünglich dreisilbig.

4. Die adjectivendung *-isch*, obwol vereinzelt bei Konrad.

5. Wörter mit zwei bildungssilben, mit tonlosem *e* in der mittleren (also langer stammsilbe), nach dem beispiele *pfingesten*; insbesondere die verbalflexionen *-ene* und *-ende* (Gr. 1². 957: bei Hartmann geduldet; Engelhart: 1907. 2179. 2623. 2739. 2869. 3129. 3211, 873 *liutsælige: mælige,* 5243 *frühtigen: miselsühtigen.*)

Über dreisilbige mit kurzer stammsilbe s. u.

Anmerkungen.

1. Kritischen ausgaben wird nun in der regel ein verzeichnis der reimfreiheiten des gedichtes vorangestellt, da die leichtigkeit und sicherheit der erhebung des gebrauches in dieser beziehung es angezeigt scheinen lassen, bei der kritik von diesem punkte auszugehen. Wilh. Grimms oben citiertes hauptwerk ist seiner form und anlage nach eine art reimlexicon zu der gesammten mhden. poësie. Besondere reimwörterbücher existieren für Wolfram von San-Marte (Schulz) und für das Nibelungenlied von Pressel. Elementaren zwecken dürfte für letzteres die note in meiner „einltg. in das Nibl." (Paderborn 1877) s. 245 genügen. Die fortschreitende genauigkeit in der anwendung des reimes lässt

---

[1]) Pseudo-Nith. XXXVI, 11, 16: *briu: driu;* Engelh. 711 *iu: driu,* Helmbr. 401 *driu: sibeniu* u. a.

[2]) Gleicher reim v. 5721/2.

[3]) Vgl. §. 35 *ü)*, Walth. 62, 30.

sich bei allen autoren nachweisen; da die forderung nach absoluter genauigkeit im reime in gewissem sinne eine neuerung ist, verhalten sich die kreise, die heimische sagenstoffe verarbeiten, oder doch unter dem einflusse dieser richtung stehen, so die volksepen, aber auch Wolfram, ziemlich nachlässig, indes Gottfried und die lyriker die allergrößte strenge zeigen. Bei Walther begegnet in circa 2200 reimpaaren eine anstößige form; die Nibelunge, in denen sich die grenze des erlaubten sehr genau feststellen lässt (s. d. folgde. anmkg.), zeigen, in einzelnen liedern wenigstens, eine geradezu störende reimarmut: genauer reim galt eben in den kreisen der österreichischen ritterschaft, in denen das epos entstand, bereits als unerlässlich, verursachte aber andrerseits noch kaum überwindliche schwierigkeit. „Es herrscht also in den Nibelungen im versbau die größte strenge; im reime befinden sich ungenauigkeiten und vulgärformen; dies ist die eigentümlichkeit einer guten, noch nicht verwilderten volkspoësie: das überlieferte wird streng in ordnung gehalten, das neu aufgenommene ist noch nicht streng durchgedrungen." (Worte Lachmanns, wintersem 1842/3.)

2. In den Nib. würde man bei größter strenge ungefähr 1 percent ungenauer reime vorfinden, sobald man den reim *an : ân* für normal erklärt. Derselbe findet sich nämlich in den volksepen so häufig, dass man kaum mehr berechtigt scheint, diesen fall als abnorm zu betrachten: alle Österreicher und alle jene, die dem einflusse des volksepos zugänglich sind, lassen ihn zu. Sonst findet sich wol noch *aht : âht, ar : âr*. Ungenaue bindung des e *(e : ê, e : ë)* findet sich einigemale (Nib. 400. 2117; 189. 210. 619. 647. 743. 748. u. ö.); einmal *in : în* (Anm. s. 255 zu 1191, 3); unglaublich und emendiert ist *it : ît (gesit : git 1494, 1. AC);* dialectisch sind die oben unter die beispiele aufgenommenen fälle *o : uo, u : uo*. — Von consonantischen ungenauigkeiten ist die gewöniche *m : n (dan : gezam 1226, 1. sun : frun 1851, 3;* dagegen die bindung *frun (für frumen) : sun 123, 3.* bezeichnet Lachmann als „wirklichen sprachfehler", obwol sie vielleicht auch als archaiistisch entschuldigt werden kann, da ein halbes jahrhundert vor abfassung der lieder an solchem reime nichts anstößiges gewesen wäre), die in manchen gedichten, so z. b. im Moriz von Craon, kaum als unregelmäßigkeit angesehen werden kann und sich vereinzelt bei fast allen dichtern findet (zu Engelhard 420, Germ. 3, 62.) Reime der form *d/*, wie sie sowol der älteren dichtung als der verwildernden volkspoësie eigen sind, finden sich in Nib. A zwei,

beidemale von Lachmann leicht und elegant emendiert 769, 3. *tuot : genuoc* (l. *gemuot*), 2118, 1. *degen : geben* (l. *wegen*). Fälle von dialectischem *e : ch* gaben die beispiele. Außerdem finden sich im reime apokopen, so der dativ *Sivrit* für *Sivride*, *Sivrit : mite, : bite;* die adjectivformen *klein*, *milt* für *kleine*, *milde*. — Damit ist die reihe der reimfreiheiten im Nibelungenliede erschöpft (über die dreisilbigen s. u.): assonanzen, wie sie die beispiele aus Wolfram bieten, wären unerhört.

3. Für die dialectische aussprache eines wortes und seine verwendung im reime gilt der grundsatz, dass von den beiden reimworten nur eines einer mundartlichen umformung unterzogen werden darf, das zweite aber rein bewahrt werden muss; es ist also zulässig *dô* (österr. *duo) : tuo*, auch *nuo* (für *nû*) *: tuo*, aber unmöglich *duo : nuo* (für *dô : nû*), d. h. es kann wol ein reimwort dem andren assimiliert, es darf jedoch nie eine mittelform zwischen zwei verschiedenen lauten gebildet werden. (ZnL.)

4. Schwankend ist der gebrauch bei den adjectiven und adverbien auf *-lich*, die bald lang *(: îch)*, bald kurz *(: mich)* reimen; die regel, dass flexionsloses *-lich* der adjectiva, in den flectierten formen und beim adverbium dagegen *-liche* zu lesen sei, beobachten wol einzelne dichter, so Walther (Wilmanns s. 59), nicht so genau Fleck, der auch *-lich* zulässt (zu Flôre 15). während andre, vor allen Hartmann (zu Iw. 6405 — berichtigt Benekes anm. zu 6406, 8121), sehr ungleichmäßig verfahren; ebenso unentschieden ist die quantitaet der bildungssilbe *-in* oder *-în* (zu Nib s. 157. 255; zu Flôre 189).

5. Bemerkt zu werden verdient als ein, zwar nicht ungenauer, aber archaiistischer reim, die bewahrung voller flexionsvocale in den endsilben, in den Nib. nur *gewarnôt, ermorderôt : tôt, vorderôst : trôst*, Klage. *riant : Hildebrant*, Biterolf. *abunt : nennt* (im Servatius praet. mit bindevocal *o;* in der Kudrun nichts ähnliches mehr).

§. 31. Rührender reim (GR s. 521—707). d. i. reim bei gleichklang des anlautes — strenge genommen also gegen das grundprincip — ist unter bestimmten voraussetzungen gestattet. Das gesetz kann auf das weiteste so gefasst werden, dass rührender reim zulässig ist, wenn die gereimten silben verschiedene bedeutung haben (GR. s. 531).

Im rührenden reime können gebunden werden: gleichlautende wörter mit verschiedener bedeutung *(g)*; gleiche compositionsbestandtheile oder ableitungsilben in verschiedenen zusammensetzungen *(h)*; endlich dasselbe wort in verschiedenen formeln oder beziehungen *(i)*. Der letzte fall ist seiner natur nach selten und mitunter gewagt; im Tristan jedoch ist er regel in den vierzeiligen schlüssen, mit denen Gottfried die abschnitte seiner erzälung markiert.

Bei mehrfachem reime wird die wirkung des rührenden reimes aufgehoben, wenn ein andres reimwort inmitten oder auch nur daneben steht, z. b. *zit : sit : zit (k*, das beispiel zeigt zwei verschiedene formen *küneginne : minne : minne* und *danc : twanc : danc : gedranc*) (GR. s. 522).

Der unmittelbar der rührenden reimsilbe vorangehende laut darf jedoch nicht identisch sein *(l)*; solche bindungen gelten der strenghöfischen dichtung nicht als kunstgerecht (GR. s. 541, zu Nib. 70. 1, zu Iw. 7438). — Die ältere dichtung ist reich an rührenden reimen und so finden sich dieselben auch noch häufig in den ältesten gedichten des classischen zeitraumes, z. b. Klage, Biterolf, Erec (GR. s. 524); die höfische kunst duldet aber gewisse bindungen nicht, so Freidank und Walther *-lich : -lich*, das dagegen der formgewandte dichter des hochd. Servatius bevorzugt (GR. s. 567), Gottfried und Konrad von Würzburg selten haben; alle, außer Konrad Fleck, der diese form so sehr liebt, dass $2^{1}/_{2}$ percent aller seiner reime rührend sind (zu Flôre 3) meiden *-schaft* (Erec. 1979) und *-tuom; -heit* wenigstens Hartmann, Wolfram, der überhaupt in diesem puncte zurückhaltend ist, Gottfried, Walther, Freidank, Neidhart (GR. s. 542); bei Ulrich von Lichtenstein und Hugo von Trimberg beginnt geringere genauigkeit einzureißen. Als poëtisches curiosum kann ein gedicht des reimkünstlers Gottfried von Neifen gelten (HMS. 1, 23 b., Haupt. s. 34), dessen einzelne strophen nur rührende reime zälen (und zwar jedes wort sechsmal wiederkehrend).

In den Nibelungen ist der rührende reim im ganzen selten; es findet sich in echten strophen die form *g* und *l* je einmal, 965, 1245; *h* 21. 139. 304. 1041. 1223. 1285. 1416. 1592. 1776. 2150. 2242; *i* überhaupt nicht; in unechten *g* einmal 1228, *l* nicht, *h* 9. 195. 212. 347. 1168. 1388.

1788; außerdem in einigen caesurreimen, richtig 454. 963, anstößig (= l) 70; wiederholung eines wortes in ganz gleichem sinne, altepisch 1347, verderbt 1358; die überarbeitung C tilgt diese stellen bis auf vier, während dieselbe handschrift der Klage derlei in größerer anzal aufweist. Die Kudrun ist an rührenden reimen noch ärmer als das Nibelungenlied (GR. s. 569—572).

Zalreiche rührende reime übrigens dürften durch schreiberhände getilgt worden sein (zu Walther 30, 11., zur Klage 190).

g)   Klage 1900. *dô gie ân ir aller danc*
                hin ze hove der helt mære
                unde sagt diu mære.
    Nib. 965, 3. *'ich riete im alse leides,   daz al die frunde sin*
                von minen schulden   müesen immer klagende sin.'
    Flôre 3237. *'swer muot ze varnde habe,*
                der sige gegen der habe.'

h)   Klage 24. *diu rede ist gunoc wizzenlich,*
                er het aller tägelich
                zwelf künige under im.
    Erec 1630. *dâ bî Erec fil de roi Lac*
                und Lanzelot von Arlec.
    Greg. 3029. *do geloubten Rômære*
                vil gerne disiu mære.
    Wig. 11639. *Lifort Gâwanides.*
                sin âventiure giht des . . . .
    Nib. 535, 3. *. . . ûf edel röke ferrans   von pfelle ûz Arâbî.*
                den edeln juncfrouwen   was vil hôher vröuden bî.
        1592, 1. *mit in kumet ouch einer   der heizet Danewart:*
                der ander heizet Volkêr,   an zühten wol bewart.
        2256, 3. *sô hât min got vergezzen,   ich armer Dietrich.*
                ich was ein künec gewaltic,   hêr unde rîch.
    Willeh. 383, 19. *dô streich der alte Heimrich*
                   mit swerten den wiserich.
    Parz. 520, 1. *von wîbes gir ein underscheit*
                in schiet von der menneschcit.
    Helmbr. 737, *der ist ez niht sicherlîche*
                und ist ime doch gelîche.

i)   Klage 190. *den recken wâru irin dinc*
                von grôzen schulden alsô komen.
                si wârn ins riches ohte komen.

Flôre 3. der sol den genâde sagen,
die beidiu singen unde sagen
613. diu zwei diu wurden beidiu alt.
und dô sie wurden fünf jâr alt . . .

Tristan 131. Ich weiz wol ir ist vil gewesen,
die von Tristande hânt gelesen,
und ist ir doch niht vil gewesen,
die von im rehte haben gelesen¹)

237. Ir leben ir tôt sint unser brôt.
sus lebet ir leben, sus lebet ir tôt.
sus lebent si noch und sint doch tôt
und ist ir tôt der lebenden brôt.²)

l. Veldeke (MSF. 85. 35.) Tristrant muoste sunder danc
starte sîn der küneginne,
wand in poisûn dar zuo twanc,
mêre dan diu kraft der minne.
des sol mir diu guote danc
wizzen, daz ich niene gedranc
alsulhen win, und ich si minne
baz dan er, und mac daz sîn.

l) Nib. 1245, 2.   ûf den wegen gie
mit klinginden zoumen   manic pferit wol getân.
der antphanc wart vil schœne: lief was ez Rüedigêr getân.³)

Flôre 3136. und als er den win vergôz
als unbescheidenlîche,
dô sprach der wirt gezogenlîche.

§. 32. Formen des reimes. Der reim kann, da er von der (letzten) hebung ausgeht, ohne rücksicht auf die betonung, auf jede art von silben fallen, die hebungsfähig sind; es ist also nicht notwendig, dass die durch den reim gebundenen silben, ausgenommen tonloses e, von gleicher betonungsstärke sind: stummes e muss im reime unterdrückt werden.

¹) Verstößt eigentlich gegen strenghöfische anschauung so wie die beispiele unter l.

²) S. die regel k und unten über den grammatischen reim, dem Gottfrieds verfahren dem wesen nach verwandt ist. — Diese „abschnitte" Gottfrieds können auch nur als wiederholungen desselben reimpaares gelten, vgl. Helmbr. 1503, wir suln Gotelinde geben Lemberslinde und suln Lemberslinde geben Gotelinde.

³) Der verstoß gegen die strenge kunst liegt nicht im gebrauche desselben wortes, sondern in der identischen vorsilbe ge-.

V. Reim.

Eine des tones unfähige, zur hebung ungeeignete vorsilbe wird beim reime nicht berücksichtigt: *erwarp : verdarp* ist ein einsilbiger, *ge'eiten : bereiten* ein zweisilbiger reim *(m)* (doch vgl. §. 33: erweiterter reim).

Unter dieser cautel sind nach der betonung der reimenden hebung folgende fälle möglich:

A. Stumpfer reim.

I. Hochbetonte silbe reimt

1. mit hochbetonter silbe, und zwar:

α) monosyllabon mit monosyllabon, *tac : lac, bewar : getar, sint : kint, sit : zit, bleich : gesweich, geleit : geseit, sluoc : truoc;*

β) zweisilbiges wort mit kurzer stammsilbe, stummem *e* mit gleichem, *ságen : ságen, gádem : krádem, ríse : genise, síder : wíder, benámen : kómen, gelóbet : ertóbet;*

2. mit tieftoniger silbe, und zwar:

α) einsilbigem compositionsbestandteil, ableitungssilbe oder vollem flexionsvocal, *seit : wârheit* (betonung *wârhéit* oder also *wârhèit*, dann zwei hebungen tragend), *unwert : gert, hof : bischof, Îslant : enhant, Lanzelet : tet, karfritac : mac, Sivrit : sit* (für *sîte,* s. s. 59 über apokope im reime), *eberswîn : gesîn, saranthasmê : stê, vel : Titurel; dô : Grêgorjô, ermorderôt : tôt, vorderôst : trôst;* reimreihe bei Walther *blâ : anderswâ : dâ : nebelkrâ : jâ : übergrâ : brâ;*

β) zweisilbigem compositions- oder ableitungsbestandteile mit stummem *e* und tiefton auf der ersten *kómen : únvrómen (unvrómen* = 1 1 β): *brûtegómen, dégen : dúnerslégen, ángesíge : pflíge, ségen : widerwégen, Lánzelète : béte, tête : Lûnète; lígen : dúrftígen, gezógen : régenbógen.**)

---

*) Bei 1 2 β) und II 2 β), dann IV und V ist der gravis, wie in den früheren capiteln, als betonungszeichen angewandt: dass die erste reimsilbe die hebung trägt, ist selbstverständlich.

II. Tieftonige silbe reimt:
 1. mit hochtoniger = I, 2.);
 2. mit gleichartiger — als reimträger
   α) entweder je eine einzelne silbe hêrlich : Helfrîch, Dietrîch : lobelîch, Wolfhart : widervart, Îrine : jungelinc, schillinc : pfenninc, zwirelhaft : meisterhaft, marschalkin : kindelin;
   β) oder zwei verschleifte dürftigen : sæligen, hérzōgen : úngelōgen.
 III. Tonloses e der schlußsilbe reimt mit gleichem; häufig noch zu beginne des zeitraumes, auch mit consonantischer ungenauigkeit (überschüssiges -n, §. 30 f), dann nur in der classischen volksepik sich erhaltend. anfänglich mit assonanz, dann mit völligem gleichklang der voranstehenden langen stammsilbe: bei Kürenberc wünné : künde, zinnén : singén, fliegén : riemén, außerdem bétté : wécken, gewéiné : schéiden; nur im zweiten teile der Nibelunge nôt lándé : sándé, l'oté : gnoté, huobén : dioben, verbirgén : sorgén, genámén : quâmén, mǽrén : wǣ́rén, slüegé : trüegé, schildé : Kriemhildé, überdies 14, 1. l'otén : gnotén.

Anmerkung. Hieran zu reihen sind die dreisilbigen stumpfen reime, deren der Kürenberger gleichfalls einen bietet 8, 18 hémedé : édele, die sodann in der volksepik, in Nibelungen, Biterolf, selbst Laurin sich erhalten, von strengen dichtern aber als zweideutig gemieden werden; denn das reimpaar:
 Iw. 617. hôch und nidere.
 die stimme gap hin widere (der walt)
könnte ebensowol nidere : widere, als niderè : widerè, d. h. der vers als dreimal gehoben mit klingendem schlusse oder als viermal gehoben mit stumpfem reime gelesen werden. Da aber die höfische poësie jene reime mit langer stammsilbe, bei denen die voraustehende hebung mitreimt, gänzlich meidet, hat man, schon nach dem muster von reimen, wie verlorne : zorne, werten : swerten, wo dem zweiten reimworte überhaupt kein stummes e zukommt, auch die dreisilbigen besser als regelmäßig klingende anzusehen und das mittlere e völlig auszuwerfen, also nicht lébeté : swébeté, sondern lébte : swébte, was Lachmann (zu Iw. 617) als grundsatz in die worte kleidet: „die länge des klingenden reimes darf nicht in zwei silben

geteilt werden." Die lyriker aber meiden selbst solche reime
mit ausgeworfenem e (zu Walth 98, 40, nur 93, 20, 23 *gébenne* :
lébenne = *scheiden* : *leiden*; vgl. zu Nith. s. 217), wie jede zweideutigkeit, Walther z. b selbst das wort *hêrre* der doppelten aussprache halber, die bei demselben möglich ist (zu Walth. 18, 6).

In der volksepik aber werden diese reime als stumpf aufgefasst; sie finden sich mit ungenauem gleichklang der ersten
hebung, vocalisch ungenau *Hagene* : *degene* 28mal in Nib. A, Kl.
A 544. 1508, *dagene* : *zeyegene* Nib. 1811, consonantisch ungenau
Hagene : *gademe* 2248. 2280, mit doppelter ungenauigkeit *menege* :
Hagene 1862 (*Rabene* : *degene* Bit. 4751); genau *sagene* : *klagene*
Kl. 2, *Hagene* : *tragene*; : *jagene*, : *erslagene*; : *sagene* Kl. 369 und
15mal in Nib. A, durchaus in der ersten hälfte der strophe: sechs
fälle im ersten, alle übrigen im zweiten teile des epos, wie längst
bemerkt wurde, durch die namensform *Hagene* und dieses helden
gegen schluss stets steigende bedeutung veranlasst und bewahrt
(Kudr. 1120 *engegene* : *degene*,´ 1631 *edele* : *sedele* als regelmäßig
klingende; über caesurreime s. Martin s. X). Über den grund ihres
ausschließlichen vorkommens in der ersten hälfte der strophe s. §. 41.

Zu richtiger würdigung dieser erscheinung muß man sich
dieselbe klar machen. Zugegeben, dass dieses *ė* hebungs- und reim-
fähig sei, sind eigentlich nur die als doppelt ungenau bezeichneten
reime *Rabene* : *degene*, *Hagene* : *gademe* regelmäßig und unserer
definition vom reime entsprechend, indem *bne : gne*, *gne : dme* gebunden ist; *degene* : *Hagene* ist eigentlich ein rührender reim und
Hagene : *sagene* die tatsächliche regelwidrigkeit, die aber darin
besteht, dass zwei hebungen reimen. Darum rechnen manche
diese art reime geradezu unter die klingenden, indem sie den
klingenden reim dann definieren als gleichklang entweder der letzten
hebung und senkung oder beider letzten, unmittelbar aufeinander
folgenden (oder nur durch stummes *e* getrennten) hebungen; das ist
auch der grund, weshalb häufig vor identificierung der mhden.
stumpfen und klingenden reime mit nhden. männlichen und weib-
lichen gewarnt wird, während doch ein wesentlicher unterschied
überall nur dort stattfindet, wo die dem nhden. fremde verschleifung
eintritt; im übrigen aber stumpfer und klingender reim im mhden.
und nhden. tatsächlich ganz dasselbe bezeichnen. Die auffassung
dieser altertümlichen reime als klingende aber ist unzulässig und
falsch; denn entweder liegt klingender reim dort vor, wo der hebung
überschüssige senkung folgt, also der versschluss klingend ist, dann
ist *slûege* : *trûege* nicht klingend, denn dieser vers schließt mit der
hebung, also stumpf; oder ist klingend jeder zweisilbige reim, also
slûege : *trûege* deshalb, weil sich der reim über zwei silben erstreckt
ohne rücksicht auf den stumpfen schluss, dann aber wäre *lében* : *gében*

auch als klingend anzusehen; denn auch hier erstreckt sich bei stumpfem schlusse der reim über zwei silben. Diese definition ist also aufzugeben. Würden wir die geschichte des reimes nicht kennen, so müssten wir derlei, wie sie in den volksepen sich finden, einfach als erweiterte auffassen.

So aber ist vielmehr daran festzuhalten, dass diese reime, beider schemata: *Uotén : gúotén* und *Hágené : degené*, eine übergangsform darstellen, in der sich das widerstreben der volksdichtung gegen das eindringen des klingenden reimes zeigt. Aus dem verkennen dieses umstandes ist unter andrem auch Bartsch' unglückselige Nibelungenhypothese entsprungen. Und doch lässt sich die geschichte des reimes in kurzen zügen genau darstellen: zuerst lassen sich klingende von stumpfen reimen unterscheiden um 1160 bis 1170, Trierer fragmente, „Spervogel", wo neben *ēren : lēre* MSF. 20, 14 noch *gezeigén : eigén* 25, 15 und *ḗrē : sḗlē* 29, 34 sich vorfindet; in den Nibelungen wird beim reime des tonlosen e in zweisilbigen wörtern völliger gleichklang der stammsilbe gefordert, bei dreisilbigen noch einige freiheit gestattet; inzwischen hat in der höfischen dichtung der klingende reim gesiegt, aber Wolframs *gâbe : mâge* wäre ebenso wie sein *schilt : sint* in den Nib. undenkbar; die Kudrun hat gleichfalls klingenden reim angenommen, doch mit der freiheit *e : en*, dagegen den altertümlichen doppelreim verloren, der hinwiederum im Rosengarten, Wolfdietrich, den Alphartzusätzen nochmals auftaucht (Martin, einl. zur Kudrun s. VIII), während die Nibelungenredaction *C* derlei reime bereits als klingende behandelt (zu Nib. 1362. 1916, Muth. einl. s. 242 ff., Beitr. zur d. Phil. Halle 1880 s. 273) — also diese reime eines tonlosen *e* mit überschüssigem gleichklang der vorhergehenden hebung, streng bei langer, freier bei kurzer stammsilbe mit verschleiftem mittlerem *e*, sind eine übergangsform, die sich in der unmittelbaren tradition der volksdichtung erhält. Erklärung dieser erscheinung ergibt sich aus dem widerstande des epischen volksgesanges gegen den klingenden reim, dem baue der Nibelungenstrophe (s. u. §. 41) und dem häufigen vorkommen des namens *Hagene* (vgl. übrigens den folgenden paragraph, s. 71 δ) und s. 72.)

B. Klingender reim.

IV. Hochbetonte stammsilbe mit folgender tonlosen reimen:

1. mit gleichen *lônen : krônen, ezzen : vergezzen, kinde : vinde, gevangen : erhangen, swǽre : unmǽre;*

2. mit einer tieftonigen länge und folgender tonlosen *leiten : arbeiten, giezen : mergriezen, genôte : haberbrôte, swǽre : únmǽre.*

V. Tieftonige länge mit folgender tonloser silbe reimen
1. mit hochtoniger = IV, 2;
2. mit gleichen *únmäre : ánwándelbäre, swldenrichen : ungezogenlichen, Hagenouwe : leitevrouwe, Goslwre : lobebwre.*

VI. Reim dreier silben, von denen die erste kurz und vollbetont, die zweite stumm, die dritte tonlos ist: das ist der in der obigen anmerkung erörterte fall. Jene oben citierten stumpfen reime hatten stets die mittlere kurz; ist dieselbe positionslang *(-enne, -ende)*, so wird der reim fast immer als klingend betrachtet. also *klágende : bejágende;* doch scheint Hartmann noch *ze klágenne : ze trágenne* (2. büchl. 337) stumpf gereimt zu haben (zu Iw. 617); wie er den reim *rremede : hemede,* der sich in seinen dichtungen dreimal findet, auffasste, ist überhaupt nicht zu entscheiden; vergessen aber soll nicht werden, dass Hartmann mit seinen jugendwerken (Erec 1192!) ganz im anfange des classischen zeitraumes steht.

C. Gleitender („überklingender", zu Flôre 603) reim.

Der dreisilbige reim mit tonloser mittlerer ist überhaupt nicht häufig, da die eine (regelmäßige) form der sprachgewonheit, die andre (abnorme) den betonungsgesetzen widerstreitet. Die mittlere ist nämlich:

α) entweder kurz *láchete : wáchete, wäget̥ : bäget̥;*
β) oder positionslang *giezende : vliezende, hánderten : sünderten.*

Diese fälle gestatten noch eine andere, allerdings ganz äußerliche anordnung; je nachdem eine, zwei oder drei silben reimen, also:

I. Der reim erstreckt sich über eine einzige silbe, immer stumpf, die obigen fälle A I 1 α, 2 α, II 2 α *tac : lac, seit : manheit, hêrlich : Helfrich.*

II. Der reim erstreckt sich über zwei silben und ist dann

1. ein stumpfer — durch verschleifung, die obigen fälle A II β, 2 β, II 2 β *tâgen : sägen, kómen : ünvrómen, dürftigen : sæligen;*

— durch überschuss, indem außer dem eigentlich reimtragenden tonlosen e noch die vorhergehende gehobene lange stammsilbe mitreimt, der obige fall A III *ĉotén : gúotén;*

2. ein klingender, die obigen fälle B IV und V *lônen : krônen, leiten : arbeiten, unmære : unwandelbære.*

III. Der reim erstreckt sich über drei silben und ist dann
1. ein stumpfer — durch verschleifung und überschuss, indem ausser dem eigentlich reimtragenden tonlosen e noch die vorhergehende zweisilbige verschleifte hebung mitreimt, der in der obigen anmerkung erörterte fall *Hágené : dégené;*
2. ein klingender, indem die hebung zweisilbig und von tonlosem e gefolgt ist, der obige fall B VI *klágende : bejágende;*
3. ein gleitender, der obige fall C *lüchete : wüchete.*

Sowol beim stumpfen, als verschleiften und klingenden reime ist inclination zulässig (zu Iw. 2112, 5428, zu Flôre 146, 812, zu Engelh. 3880. s. o. §. 12) *(n)*; einsilbiger reim wird durch dieselbe nur im auslaute beeinflußt: an kurze stammsilbe angelehntes pronomen mit anlautendem e oder geschwächtem vocal verliert seinen ton und wird verschleift; durch anlehnung an eine (bei guten dichtern in der regel nur positions-)lange stammsilbe entsteht ein klingender reim (die ansicht Grein-Vilmars §. 88, diese reime seien stumpf aufzufassen also: *tóhtér : enmóhtér,* widerlegt nicht sowol der brauch der höfischen dichtung, die jene bindungen *ĉotén : gúotén* absolut vermeidet, da sich dagegen *flühtic : zühtic* findet, als beispiele, wie das unter *n*) angeführte „Spervogels", wo die inclination an einer stelle der strophe stattfindet, die klingenden reim erfordert: was aber bereits in den unter Spervogels namen überlieferten strophen klingend, ist bei späteren ganz gewiss nicht mehr stumpf).

m)   Greg. 3019. *Nune weste ir deweder niht*
umbe dise grôze geschiht
daz in diu rede beiden
des nahtes wart bescheiden.
unz sî zesamne kâmen
und ez under in vernâmen.
unde als sî getâten
als sî vernomen hâten,
dô einer sîne rede gesprach
und der andere mite jach,
do geloubten Rômære
vil gerne disiu mære.
n)   Flôre 1163. *nû ist mir verkêret wirs,*
wande du verbundest mirs.
      Parz. 344, 21. *des künec Meljanzes vater,*
in tôdes leger für sich bater
die fürsten sînes landes.
      Willeh. 276, 8. *die starken wîne gevieln im baz*
danne in der küchen daz wazer.
die spîse ungesmærhet azer.
      Helmbr. 1005. *ir sult füllen uns den maser.*
ein affe und ein narre waser.
      Sperv. 28, 10. *der ander der truogez*
von dem tische hin ze der tür:
er stuont ze sîner angesiht und gnuogez.
      Erec. 5754. *diu guote, nû viel sî*
über in unde kusten.
dar nâch sluoc si sich zen brusten.
      Iw. 2112. *er ist sun des künec Vriênes.*
entriuwen ich verstênes . . .
      Greg. 1019. *daz lîp und sêle frumendist,*
des ergreif er ie den besten list.

§. 33. **Erweiterter reim** (GR. s. 600—615). Jene formen des reimes, bei denen sich der gleichklang über eine oder mehrere der letzten hebung (und ihrer senkung) voranstehende silben erstreckt, heißen **erweiterter reim**. Von den behandelten gehören hieher die bindungen des tonlosen *e* mit gleichklang der vorhergehenden (langen oder kurzen) hebung *l̂otên : gúotên, Hâgené : tragené* und dreisilbiger reim mit langer erster und zweiter, wenn sie zwei hebungen tragen, also keine silbe unterdrückt wird, *trâhtênde : âhtênde.*

Grimm gruppiert sämmtliche fälle folgendermaßen:

a) es reimen außer den stammsilben untrennbare partikeln (identisch — rührend — oder nicht), *getragen : getwagen, verliuset : verkiuset, beleiten : bereiten, erslagen : verklagen, gekomen : benomen;* die negation *ensach : ensprach, entran : enkan.*

b) außer den untrennbaren partikeln reimt noch vorhergehendes *un-* mit, *unverholn : unverstoln, unvergolten : unverscholten.*

c) es reimt eine trennbare partikel mit, *durchbrechen : durchstechen, widerbrâht : widerdâht.*

d) der reim besteht aus einem mehrsilbigen worte, in welchem außer der ableitungssilbe noch die stammsilbe — voranstehende hebung — und die dazwischen liegende tonlose oder stumme silbe mitreimt:

  α) reimende stammsilbe, statt tonloses *e* voller vocal in der ableitungssilbe *hêrlich : êrlich, tägelich : klägelich* (diese beispiele fallen eigentlich unter §. 31, *l*), *einvaltic : gewaltic,* nur im XII. jhdte. häufiger, Eneit 3195 *eislich : freislich,* 3mal *Didô : Cupidô,* Hartmann nur A. Heinr. 167 *mislich : genislich* (zu Nib. 2091, 3);

  β) drei oder vier silben mit zwei hebungen *armecheit : barmecheit, sunderlich : wunderlich, sinneclich : minneclich, innecliche : minnecliche* („übertrieben", zu Iw. 7438); *geltwre : scheltwre* Iw. 7163, hieselbst ganz vereinzelt, nur im Renner häufiger;

  γ) dreisilbige worte mit langer stammsilbe und zwei tonlosen *e,* die mittlere silbe (§. 32, *C*)

   αα) unbetont — selten, Serv. 3435 *sitzende : switzende,* nur im Tristan 13 fälle, wie 374, 36 *trûrende : amûrende;*

ββ) betont — selten; adjectiva, participia, unverkürzte schwache praeterita, sicher nur bei Konrad von Würzburg, Engelh. 2179 *unfröuwende : töuwende*, 2869 *môrende : êrende*, 5243 *frühtigen : miselsühtigen;* Flore 6299 *frâgete : betrâgete.*

Anmerkung. Beide fälle sind nur nach der zal der hebungen im verse und nicht immer mit sicherheit zu unterscheiden (zu Flore 603).

δ) Beim reime des tonlosen *e* ist die vorhergehende lange stammsilbe oder kurze mit verschleiftem *e* mitgebunden *l'otén : gúotén, Hâgené : ságené,* s. §. 32, III anmkg.

Als reimerweiterung ist auch aufzufassen die erscheinung des sogenannten **doppelreimes und der suchenden silben** (GR. s. 589—600), die darin besteht, dass

a) entweder das reimwort in derselben zeile verdoppelt wird (so dass die reimende silbe dreimal erscheint) — ein schmuck des verses, den sich schon Otfried erlaubt, der aber mit vorsicht angewandt sein will *(o)* und zu voller wirkung nur dann gelangt, wenn das überschüssige reimwort in der hebung steht *(p)*: **Doppelreim**;

Anmerkung. In den Nibelungen nur in unechten strophen.

b) oder dass in beiden zeilen vor dem reimworte ein zweites oder mehrere worte erscheinen, die entweder gleich lauten *(q)* oder reimen *(r)*, das erste besonders bei epanaphorischer redeweise: **suchende silben**.

Anmerkung. Die beiden fälle sind zusammengezogen, weil, abgesehen von ihrer verwandtschaft als reimerweiterungen, die terminologie durchaus schwankt. Der zweite fall ist bei epanaphora oft unvermeidlich: formwörter, pronomina und praepositionen werden in rhetorischer emphase wiederholt; die wiederholung ganzer sätze oder die reimbindung des attributes ist viel wirkungsvoller. Suchende silben sind in echten Nibstrophen nicht besonders häufig, in den zusätzen zalreicher; selten bei Hartmann, noch seltener bei Wolfram und in der Kudrun, häufig bei Veldeke, Gottfried und seiner schule (zu Flore 1121), Walther und Freidank (Neidharts bekanntes *gippen gappen : hippen happen*). — Häufig assonanz neben dem reime, s. u. Eu. 11120 und Nib. 1735, 1, 2.

o) Iw. 479. *weder erne sprach noch ich.*
do er sweic, dô versach ich mich …
p) Klage 1996. *die hohsten und die besten: —   swaz si des besten westen,*..
Nib. 227, 1. *swaz die recken alle   in strîte hân getân,*
Dancwart und Hagne   und ander sküneges man.
q) En. 11120. *diu in screip und in behielt:*
diu in sneit und in gerielt.
Nib. 795, 1. *der künic kom mit recken   weinen er dô sach*
sîne triutinne: güetlich er dô sprach:
1735, 1. *er und der von Spâne   trâten manegen slîc,*
dô si hie bî Etzel   rûhten manegen wîc.
Walth. 9, 6. *si kiesent künege unde reht,*
si setzent hêrren unde kneht.
qr) Walth. 33, 17. *liuget er, si liegent alle mit im sîne lüge*
und triuget er, si triegent mit im sîne trüge.
Trist. 374, 35. *siuftende unde trûrende,*
ameirende unde amûrende.
r) Nib. 876, 3.   *swaz der von leger stuont,*
diu erjeiten die gesellen,   sô noch guote jeger tuont.
Walth. 93, 17. *swer guotes wîbes minne hât,*
der schamt sich aller missetât.

Alle in diesem paragraph besprochenen fälle sieht Grimm (s. 615) als eine erweiterung an, die als zierde galt und den zweck hatte, den reim deutlicher hervortreten zu lassen; unsere ansicht über δ) als übergangsform ist hiemit wol vereinbar: würklich klingende reime, wie jenes *innecliche : minnecliche* zeigen, dass es falsch wäre, auch *einváltic : gewáltic*, *quâmén : nâmén* als klingend zu betrachten und darnach etwa die definition des klingenden reimes zu formulieren.

§. 34. **Stellung und anwendung des reimes.** In aller reimpoësie sind drei grundformen für die stellung des reimes möglich: *aa bb*, *abab*, *abba*; gepaarter*), gekreuzter (*s*), umschlungener (*t*) reim. Ursprünglich gilt

*) Als beispiel für reimpaarung mag die obige stelle m) aus dem Gregorius und unten w) und x) aus dem Iwein gelten. Reimpaare zu den strophen zu zälen, wie einige tun, ist entschieden so falsch, als wenn man die allitterierende langzeile eine strophe nennen wollte: sie sind vielmehr der gegensatz der strophe, was natürlich nicht ausschließt, dass auch in strophen gepaarter reim vorkommt.

in der altdeutschen dichtung nur gepaarter reim, mit dem klingenden kommt der gekreuzte und rasch die complicierteslen formen in gebrauch. Die höfische epik hält am unstrophischen reimpaare fest — vornehmste ausnahme der Titurel —, indessen die volksdichtung überwiegend strophisch ist und die lyrik die mannigfaltigsten formen der reimstellung entwickelt. Die reimpaare sind entweder viermal gehoben mit stumpfem oder dreimal gehoben mit klingendem schlusse; doch lassen alle dichter, außer Gottfried und Konrad von Würzburg (Wolfram s. XIV), auch vier hebungen mit klingendem schlusse zu, was im Renner zur grundform geworden ist: nur bindung ungleicher zeilen wird vermieden.

Durch einschiebung eines umschlungenen reimes in das gekreuzte paar entsteht die form *abcabc (u)* und durch abermalige einschiebung die reimverschränkung *abcd abcd (v)*; solcher reim ist schon schwer fühlbar — bei noch weiterem auseinanderliegen der gebundenen verse ist der reim versteckt, eine form, die indes einzelne dichter, so Wolfram in seiner lyrik, lieben. Bedenkt man noch die einschiebung von waisen und den wechsel stumpfer und klingender reime, so ergibt sich aus diesen grundformen eine unübersehbare reihe möglicher fälle.

Der technische ausdruck für die kunst des reimens ist *rime limen;* doch unterscheiden die dichter in bewusster ausbildung ihrer kunst zwischen der unmittelbaren aneinanderreihung zusammengehöriger oder paralleler satzglieder, die sie *rime samenen* nennen *(w)*, und dem hinübergreifen des reimes über den abgeschlossenen satz, gedanken oder abschnitt, das *rime brechen* heißt *(x)* und den eigentlichen gipfel der reimkunst darstellt.

Der genaue reim machte namentlich der volksdichtung in ihrer überlieferten formelhaftigkeit große schwierigkeit: daher z. b. die arge reimarmut der Nibelunge und auch bei den gewandtesten dichtern viele stereotyp wiederkehrende reime. Doch hüten sich alle autoren vor wiederholungen, indem sie in unstrophischer dichtung den gleichen vocal höchstens

einmal, aber nie öfter wiederholen. In der strophischen
dichtung wird gleichfalls die wiederholung desselben reimpaares vermieden und häufig verraten sich interpolatoren
in der Nibelunge nôt, indem sie die eingeschobene strophe
mit dem reime der vorhergehenden beginnen oder dem der
folgenden schließen; denn vier gleiche reime in einer strophe
sind in einigen liedern ein kriterium der unechtheit, aber
in der regel schließen auch in aufeinanderfolgenden strophen
nicht gleiche reime aneinander: von echten strophen des
ersten teiles gehört hierher nur 120,1; im zweiten teile ist
der fall häufiger: dreimal stoßen sechs gleiche reime zusammen 644/5, 1971/2, 2103/4; dass zwei strophen durchaus
gleiche reime hätten, ist nirgends der fall (1899—1901
reimen zwölf a und $\hat{a}$).

Mitunter aber lieben es die dichter, mehrere gleiche
reime aufeinander folgen zu lassen; wir nennen dies reimhäufung, eine form, nicht nur in der lyrik häufig in
kunstvollen tönen, zur markierung des strophenschlusses, in
leichen, sondern auch von den epikern angewandt, gewönlich
gleichfalls nur, um den schluss eines abschnittes deutlich
hervortreten zu lassen. Insbesondere kommen häufig vor
absätze von 30 bis 32 zeilen mit dreifachem reime am schlusse.
Abschnitte durch mehrfachen reim zu markieren, ward wol
schon im XII. jhdte. gebräuchlich (Paulus HZ. 3, 519,
Bonus 2, 208, Pfaffenleben Altd. Bl. 1, 217); von den höfischen
epikern wendet Wirnt zuerst dreifachen reimabsatz an, dann
Heinrich v. d. Türlîn in der krône, Ulrich von Lichtenstein im frauendienst, Ulrich v. d. Türlîn im Willehalm u. a.;
spätere haben namentlich zum schlusse ihrer gedichte noch
viel weitergehende häufungen angebracht [beispiel mit anachrostikon (y)], indes Wolfram, Gottfried, Zazichoven, Herbort,
Thomasin, der Stricker, beide Konrad selbe verschmähen.
Am weitesten ist hierin wie in allen reimkünsteleien Gottfried
von Neifen gegangen; doch hat bereits Walther lieder, in
denen er denselben reim fünf- (39, 1—10) und siebenmal
wiederholt (75, 25, die bekannte vocalreimspielerei, indem die
strophen nacheinander die vocale a e i o u als reim führen);

vor allen gefällt sich Hartmann darin, der jedoch seinen geschmack in der unregelmäßigen, gleichsam zufälligen anwendung zeigt und, indem er nicht dieselbe reimsilbe mechanisch wiederholt, sondern die häufung mit einer andren gattung des reimes verbindet, dem gleichfalls schon bei Veldeke vorkommenden **grammatischen reime**, d. i. der variation zweier reimwörter durch verschiedene formen der flexion oder ableitung *(z)* (Beneke zu Iw. 3145; GR. s. 620 bis 624. 587).

s) Walth. 56, 14.	*Ir sult sprechen willekomen:*	a
	der in mære bringet, daz bin ich.	b
	allez daz ir habt vernomen,	a
	daz ist gar ein wint, nû fråget mich.	b
t)	*ich wil aber miete:*	γ*)
	wirt mîn lôn iht guot,	d
	ich sage iu vil lihte daz iu sanfte tuot.	d
	seht waz man mir êren biete.	γ
u) Walth. 39, 11.	*Under der linden*	α
	an der heide,	β
	dâ unser zweier bette was,	c
	dâ mugent ir vinden	α
	schône beide	β
	gebrochen bluomen unde gras.	c
v) Walth. 101, 23.	*Selbwahsen kint, dû bist ze krump:*	a
	sit nieman dich gerihten mac	b
	(dû bist dem besmen leider alze grôz,	c
	den swerten alze kleine),	δ
	nû slâf und habe gemach.	e
	ich hân mich selben des ze tump,	a
	daz ich dich ie sô hôhe wac.	b
	ich barc din ungefüege in friundes schôz,	c
	mîn leit bant ich ze beine,	δ
	mînen rugge ich nâch dir brach.	e

---

*) Der stumpfe reim ist mit antiqua, der klingende mit griechischem buchstaben durchgängig bezeichnet.

w) Iwein 65. dise sprâchen wider diu wîp,
dise banecten den lip,
dise tanzten, dise sungen,
dise liefen, dise sprungen,
dise schuzzen zuo dem zil,
dise hôrten seitspil,
dise von seneder arbeit,
dise von grôzer manheit.

x) *) Iwein 1. Swer an rehte güete
wendet sîn gemüete,
dem volget sælde und êre. — ⎤
des gît gewisse lêre   ⎦
künec Artûs der guote,
der mit rîters muote
nâch lobe kunde strîten. — ⎤
er hât bî sînen zîten   ⎦
gelebet alsô schône
daz er der êren krône
dô truoc und noch sîn name treit. — ⎤
des habent die wârheit   ⎦
sîne lantliute:
sî jehent er lebe noch hiute:
er hât den lop erworben,
ist im der lip erstorben,
so lebt doch iemer sîn name. — ⎤
er ist lasterlîcher schame   ⎦
iemer vil gar erwert,
der noch nâch sînem site vert.

*) Ein schönes beispiel für das *rime brechen* bietet der bekannte *winsweleh* Germ. 3, 211—221. Nach einander beginnen etliche zwanzig abschnitte mit dem verse *dô huob er ûf unde tranc,* indes der vorhergehende abschnitt immer mit dem entsprechenden stumpfen reime schließt (: *banc, blanc, klanc, kranc, danc* (2mal)*, anevanc, dranc, anegane, gehanc, anehanc, gelanc, antfanc, erranc, gesanc, ertranc, stanc, wanc, getwanc*), zugleich der gegensatz zu der reimarmut des freilich zwei menschenalter früheren volksepos.

In obigem beispiele soll der gedankenstrich und die klammer zur seite die viermalige brechung des reimes innerhalb dieser zwanzig zeilen anzeigen.

V. Reim.

Anmerkung. Hier ist es geboten, einer erscheinung zu gedenken, die zu der strengen technik in einem gewissen gegensatze, jedoch altertümlich und nicht ohne eigentümlichen reiz ist, des logischen überganges aus einer versxeile in die andere, so zwar, dass syntaktisch eng zusammengehörige satzteile durch den versschluss auseinandergerissen erscheinen, des enjambements, das, nur in der caesur häufiger (vgl. §. 37, II), in den reimpaaren meist attribut und substantiv betrifft.

  Erec. 5194. *und daz mich daz meiste*
     dunket, die übelen geiste.
  Greg. 741. *er gewan ir abe die besten*
     stete und die resten.
    3303. *erne hêt sin alten*
     kunst unz her behalten.
Pseudo Walth. XVIII, 3. *wan daz ich ir gerne wâr*
     sage und liep hân ir lîp und ir ére.
  MSF. 123, 10. *min êrste und ouch min leste*
     fröide was ein wip.

y) Rudolf von Ems beendet seinen Barlaam und Josaphat mit folgendem anachrostikon, an das noch die reimreihe *tôt : bôt : rôt : sôt : nôt : brôt : Sabaôt* schließt (ed. Pfeiffer 406).

  Reiner Krist, nû lœse mich
  Von minen sünden, in den ich
  Ofte sunte wider dich:
  Din güete ist sô genædeclich,
  Ob alle zungen vlizzen sich
  Lêren diner werte strich,
  Fürwâr wœr in das zwivellich.[1]

z) Reinm. 198, 4. *'Er hât ze lange mich gemiten*
   den ich mit triuwen nie gemeit.
   von siner schulde ich hân erliten
   daz ich nie græzer nôt erleit.
   sô lebt min lip
   nâch sinem libe.
   ich bin ein wip,
   daz im von wibe

---

[1] Berühmtes anachrostikon bei Gottfried von Straßburg; das älteste hat aber bekanntlich schon Otfried.

>   nie liebes mê geschach,
>   swie mir von im geschwhe.
>   min ouge in gerner nie gesach
>   dann ich in hiute swhe.'

Greg. 436. 'Si mac den armen grüezen
>   mit guote und mit muote,
>   bestêt si bi dem guote.
>   gebristet ir des guotes,
>   sone hâts niwan des muotes:
>   nû waz mac danne ir muot
>   gefrumen ieman âne guot?
>   noch bezzer ist guot âne muot.
>   von diu sô dunket mich daz guot,
>   si behabe guot unde muot,
>   daz dem herzen sanfte tuot,
>   sô mac si mit dem guote
>   volziehen dem muote:
>   sô rihte gote mit muote,
>   mit libe und mit guote.
>   ouch râte ich iu den selben muot.'
>   der rât dûht si beide guot.

§. 35. **Reimkünste.** (GR. 574—589.) Bei der fortschreitenden entwicklung der poëtischen technik begnügten sich die dichter nicht mehr mit der fülle von variationen, die sich ihnen aus form und stellung des reimes ergaben, sondern griffen zu teilweise sehr kunstvollen und zierlichen, mitunter aber auch verkünstelten und überladenen combinationen, zu deren voller würdigung allerdings neben der kenntnis des tones die der weise, der zu grunde liegenden melodie, nötig wäre, wie sie denn fast ausschließlich auf die lyrik beschränkt blieben und der modernen kunstübung durchaus verloren gegangen sind.

Neben den oben behandelten **reimerweiterungen**, der **reimhäufung** und dem **caesurreim**, der als die grundform des gekreuzten reimes anzusehen ist und im folgenden capitel zur besprechung gelangt, ist zunächst zu erwähnen der (auch anderen sprachen und zeiten eigene) refrain oder kehrreim, die wiederholung eines einzelnen wortes oder einer oder mehrerer zeilen zu ende jeder strophe eines liedes, mitunter mit geringer veränderung: Walther 124, 17, 34 *iemer mêr ouwê* als eigene zeile, 125, 10 als zeilenschluss *niemer mêr ouwê;* viel citiert Morungens tagelied MSF. 143 mit der klage *dô tagete ez,* Gottfried von Neifens lied von der flachsschwingerin (Haupt 45, 21 f.) mit dem refrain *wan si dahs — wan si dahs, si dahs, si dahs;* hieher gehören auch die rein musikalischen zwecken, mitunter nur der onomatopöe dienenden bildungen *(jûwezunge, jauchzer),* wie Walthers *tandaradei,* Neidharts *traranuretum traranuriruntundeie; harbalorifa* u. ä. Als gegensatz des refrains könnte man die ziemlich seltene übung ansehen, ein wort in den ersten zeilen eines tones desselben liedes zu wiederholen oder alle strophen mit demselben worte anzufangen: so beginnen bei Walth. 57, 23 die strophen eines liedes mit dem worte *minne,* bei Ulrich von Lichtenstein mit *hôher muot* (MSF. s. 303 zu 181, 14), im Wisbeken mit *sun* u. ä.

Die eigentlichen reimkünste können wir einteilen I. in reime in der mitte des verses, die unabhängig vom endreime sind; II. reime zu beginn oder in der mitte des verses, die sich auf den endreim beziehen; III. reime, die durch mehrere strophen laufen. Man unterscheidet:

I. 1. **schlagreim**, d. i. den gleichklang mehrerer wörter in derselben zeile unabhängig vom endreime, u. zw.

α) zwei wörter nur durch ein dazwischen stehendes wort getrennt — die älteste form *(aa);*

β) zwei wörter in unmittelbarer folge (z. b. Konrad im eingange des Engelhard) *(bb);*

γ) drei wörter in unmittelbarer folge *(cc);*

2. **binnenreim**, d. i. den gleichklang mehrerer weiter auseinanderstehender wörter in einer längeren zeile unabhängig vom endreim (vgl. zu Walth. 98, 39) *(dd);*

II. 3. **mittelreim** (zum unterschiede vom caesurreim auch hilfsreim, besser vielleicht **vorreim** genannt), d. i. der gleichklang eines wortes innerhalb des

verses mit dem endreime; alte, aber seltene übung;
beliebt bei Freidank und Gottfried *(ee)*;

4. **überschlagenden reim**, d. i. reim des ersten
wortes einer verszeile mit dem endreime der vorhergehenden, so dass diese ein vereinzeltes reimpaar
bilden oder mit noch andren gebunden sind; eine
form, die erst nach Gottfried und Walther zuerst
bei Ulrich von Singenberg (zwischen 1209 und 1228)
erscheint und, wie alle künsteleien, von Neifen am
eifrigsten gepflegt wurde *(ff)*;

5. **gebrochenen reim**, d. i. eigentlich ein speciellen
fall des vorigen, entstanden durch trennung eines zusammengesetzten wortes in seine bestandteile, so
dass der erste teil als zeilenschluss reimt, der zweite
aber einen neuen vers beginnt: auch diese form hat
Neifen am feinsten ausgebildet, doch liebt sie
besonders Konrad von Würzburg *(gg)*. der sie auch
mit schlagreim compliciert *(hh)*, indem er das zweite
wort den vers fortsetzen lässt (zu Engelh. 49);

6. **pausen** (umkehrung des falles 4), d. h. stumpfen
reim eines wortes am anfange einer zeile mit einem
andren am ende desselben verses oder eines späteren
oder der ganzen strophe; schon bei Walther, der
aber mit richtigem tacte die pausen stets nahe hält
und die strophen nicht damit anhebt; häufig bei
Ulrich von Lichtenstein; übertrieben bei Neifen
(8, 22 f. beginnt und schließt er fünf achtzeilige
strophen mit demselben worte) *(ii)*;

III. 7. **körner**, d. h. reime, die über verschiedene strophen
einander entsprechend verteilt sind, um dieselben
so zu binden, innerhalb der strophe selbst gemeiniglich ohne gegenreim, **waisen**; aus dem romanischen
entlehnt (zu Walth. 111, 32): Walther bindet z. b.
119, 23 f. vier neunzeilige strophen durch gleichen
reim, **korn**, des letzten verses *sît : lît : nît : zît*;
gleichfalls von Lichtenstein gebraucht, von Neifen
(vgl. insb. 11, 6) übertrieben.

aa) Lichtenst. Frouwd. 394, 19. reht als ein remder   sô sunder   sô sêre $? + ? + x$
                                 minn und meine,   si reine,   si sælic, si hêre. $? + ? + x$

bb) Walth. 47, 16. ich minne,   sinne,   lange zît: $x + x + b$
                   versinne   Minne   sich, $x + x + c$
                   wie si schöne lône   mîner tage. $? + ? + a$
                   nû lône   schöne: dest mîn strît: $? + ? + a$
                   ril kleine   meine   mich, $? + ? + b$
                   niene meine   kleine   mîne klage. $? + ? + c$

     Frid. 52, 6. singen   springen   sol dîn jugent: $x + x + a$
                   die alten   walten   alter tugent. $? + ? + a$

cc) Frouwenl. MSH. 3, 426. sie   lie   lie   den wahter stân.
    Witzl. MSH. 3, 84ᵃ.   snel hel   gel   schrîc ich dînen namen (GR. s. 577).
    Wolfr. 8, 11. daz guote wîp   ir vriundes lip   vast umberrenc: $a + a + b$
                  der was entslâfen dô. $. c$

dd) dô daz geschach   daz er ersach   den grâwen tac. $d + d + e$
    dô muose er sîn unfrô. c

ee) Trist. 2, 19. die dîne wege, die dîne stege:
                  wol ime der si wege und stege (aa).
    458, 18. wîzgot, Brangæne, ich werne (= aa!).
    Frid. 56, 15. des mannes sin ist sîn gewin.
    Renner 18228. sô ein gevater gên ir gevatern
                  beginnet swatern über den gatern (onomatopöie).

82   V. Reim.

ff) Nifen 38, 26. *Sumer, nú wil diu gezalt*
  walt den anger und die heide a + ?
  beide kleiden: dást dien kleinen vogelen nôt. ? + c
  man siht bluomen maniccalt, a
  valt an maneger stolzen meide a + ?
  veide liche tragents unde mündel rôt. ? + c

gg) Konr. v. W. MSH. 2, 323. *Dô diu liebe nahtegal ir sanc* a
  lite dornet under: b
  wu n d e r-lîcher stimme klanc (?) + a
  erhillet dâ. (+ ff) c

hh) Engelh. 49. *kein herze-smerze triuren birt.* (+ hh) $(z) + (z) + a$
ii) Walth. 62, 20. *ein unde ein sich daz wolde ich alles lete lân.* $(z) + a$
  25. *trei iuch mîn lop ze hoere, daz ist mîn verleket.* -c
  30. *die lire, ob si mit triuren si, daz schûne an iu.* f
  63, 7. *dâ keiser spil. nein, herre keiser, andersweit.* f
  66, 25. *des habet ir eou schulden grozer dan ê:* c
  welt ir vernemen, ich sag's iu wes. a
  wol vierzec jâr hab ich gesungen oder mê b
  von minnen und als iemen sol. c

VI. Caesur.

§. 36. Begriff und entstehung. Die caesur ist ein logisch-syntaktischer ruhepunkt inmitten des verses: kürzeren, wie sich aus ihrem begriffe ergibt, entbehrlich, längeren unter umständen notwendig, denen sie dann ein charakteristisches gepräge verleiht (vgl. hexameter), insbesondere wenn sie an eine bestimmte stelle gebunden ist (vgl. pentameter, alexandriner). Die einführung der caesur hängt im deutschen verse innig zusammen mit der entwicklung der strophe. Es gibt lyrische langverse ohne typische caesur; gewönlich hat sich in lyrischen strophen der ursprünglich vorgeschobene, durch die caesur abgeschnittene reimlose teil als selbstündiger vers, waise, von der langzeile abgelöst.*) Wesentlich aber ist die caesur der epischen langzeile, die entstanden ist, indem (anfänglich nur zur markierung des regelmäßigen abschnittes, der strophe, später durchaus) der viermal oder (verkürzt) dreimal gehobenen, paarweise stumpfreimenden kurzzeile eine waise vorgeschoben wurde, so dass der vers aus zwei (ursprünglich) gleich langen hälften bestand.

Der schluss dieser ersten halbzeile ist die caesur; sie schließt meistens mit tonloser hebung und abgang der letzten senkung *(a)*; doch kommen auch daneben tieftonige silben *(b)*, selbst hochtonige monosyllaba *(c)*, nur ausnahmsweise stumme ausgänge vor. In der Nibelunge nôt, deren versbau hier als grundlage und norm zu gelten hat, lauten $7^2/_3$ percent aller caesuren (davon $^3/_4$ eigennamen, so dass für andre worte nur $1^2/_3$ percent erübrigen), in der Kudrun 5 percent auf eine vollbetonte — hoch- oder tieftonige — silbe aus. Deshalb und weil auch im reime noch tonloses *e* stumpf gebunden wird, ist auch die normale caesur mit tonlosem schlusse als stumpf aufzufassen: **die erste hälfte der epischen langzeile (Nibelungenvers) ist viermal gehoben bei stumpfem schlusse.**

*) Wer richtige einsicht in dieses verhältnis erlangen will, nehme sich die geringe mühe, die versteilung in Lachmanns Walther und im MSF. mit den vorschlägen späterer herausgeber zu vergleichen.

Beweisend ist das vermeiden stummen schlusses *(d:* die beispiele geben fälle stilistischer veränderungen, wo das kurzsilbige stammwort mit stummem *e* aus der caesurstelle entfernt wird). Während in den kurzen reimpaaren die dreimal gehobene zeile klingenden schlusses, mit viermal gehobener stumpfen ausganges (ob einsilbig oder zweisilbig mit verschleiftem stummem *e)* beliebig wechselt, ist dies in der caesur unzulässig: der vierten hebung darf kein stummes *e* mehr folgen, sie muss einsilbig sein — eine ausnahme machen nur composita mit tieftoniger kürze, die das *e* dann völlig abwerfen, (zu Nib. 118, 2) *(e)* —; zweisilbiges kurzes stammwort mit stummem *e* als dritte hebung in der caesur aber ist unzulänglich (DHB. 2, XXXII); die wenigen fälle, die nicht offenkundige fehler, schreiberversehen, sind, müssen mit Bartsch Germ. 4, 127 (s. o. §. 5, anm. 3) durch unorganische verlängerung der stammsilbe erklärt werden *(f),* monosyllabon als dritte hebung ist unmöglich. Im sinne dieser auseinandersetzung, d. h. unter voraussetzung der hier entwickelten einschränkung ist es dann allerdings gestattet zu sagen, **dass im ersten halbverse drei hebungen mit klingendem schlusse vieren mit stumpfem gleichwertig sind.***)

Anmerkung. Unrichtig ist auch die ansicht Schneiders. D. versk. s 160, dass der unterschied in der praxis darauf hinauskomme, ob das *e* der letzten tonlosen silbe etwas stärker zu betonen sei oder nicht, da ja auch niemand das tonlose *e* im reime *slúegé : trúegé* über den ton der stammsilbe, gleichsam als accentspondaeus erhöhen wird. Grund und unterschied liegen in der weise, d. h. in den regeln der musikalischen begleitung, dieser ursprünglich ganz gewiss sangbaren und gesungenen strophe, die offenbar weder abgang noch überschuss duldete. Sie forderte vier hebungen, darum war bei dreien, auch wenn eine stumme silbe schloss, ein abgang; bei zweisilbigem worte in vierter hebung war wol kein prosodischmetrischer, aber ein musikalischer tact zu viel, der das feine gehör jener volksdichter beleidigte: so erklärt sich auch das dulden der

---

*) Aus rein praktischen gründen, d. h. um der üblichen bezeichnungsweise eine concession zu machen und den anfänger nicht zu verwirren, ist in den beispielen der vorhergehenden capitel der Nibvers. immer ohne jede rücksicht auf die stumpfe caesur angezogen.

verschleifung bei compositis, also wol nach tieftoniger, nicht aber bei hochtoniger kürze. Es geht nicht an, etwa drei hebungen mit klingendem schlusse als richtige mitte anzusehen, da die 700 stumpfen caesuren und die praxis des tonlos-stumpfen reimes dagegen beweisen. — Die Kudrun beobachtet dieselben regeln, insbesondere die des compositums (Martin, s. XII), ist aber an dreimal gehobenen halbversen mit stummem schlusse, also unorganischer verlängerung, etwas reicher, wobei allerdings die schlechte überlieferung — der häufige ausfall einsilbiger formwörter, veränderung der stellung etc. — mitzuveranschlagen sein wird. — Reime, wie auch schon behauptet worden, aber sind die tonlosen schlüsse auf -en nicht, weil sonst die vorhergehende silbe nach dem principe des volksepos gleichfalls den gleichklang haben müsste.

a) Nib. 2226, 1.   Dô sach von Trónje Hágené   Völkéren tôt.
          daz was zer hóchgezîté   sin áller græstiu nôt.
   Kudr. 835, 1.   Nû sáyets alrêrste Hételé   dem künege úz Môrlant,
          wáz er leider mæré   von sînen bóten errant.
b) Nib. 2213, 3.   zehant dô meister Hildebrant   want von Hagen dan,
          dô lief der starke Wolfhart   den küenen Volkéren an.
   Kudr. 1302, 1.   des antwurte Hartmuot,   der ritter ûz erkorn:
          'liebin min vrou Kûdrûn,   ist iht der kleider vlorn...'
   Nib. 891. 3.   er brâht ez an die viwerstat.
   1475, 1.   dô sprach daz eine merwîp.
   Kudr. 1209, 1.   'ich vil gutes armiu,   ja enweiz ich, waz ich tuo.'
c) Nib. 1499, 3.   'unt füert uns über tûsent ros   und alsô manegen man.'
   2133, 1.   'vil gerne wær ich dir guot   mit mînem schildé.'
   Kudr. 531, 1.   si sprach: 'Wate, lieber vriunt,   nere den vater mîn.'
d) Nib. 35, 2.   in hóve Sigemúndés[1],   der buhurt wart sô starc.
   1185, 2.   'clagen unde weinén[2]   mir immer zæme baz.'
e) Nib. 118, 2.   er mohte Hagnen swestersun   von Tronje vil wol sîn.
   1743, 1.   swie iemen sich gesellet[3]   und och ze hove gie....
   1795, 1.   ûf dem vrônen vrithove.
   Kudr. 53, 3.   des jungen Hagenen magezogen...
   1457, 3.   den sihe ich an dem bürgetor[4]   dort mit swerten houwen.

Anmerkung. Nach liquida wird unterdrücktes e normal nicht gesetzt.

f) Nib. 698, 3.   'Sîvrit min sune[5]   man soldiuch dicker sehen'

---

[1]) Natürliche stellung: *in Sigemúndes hóre:* unzulänglich.

[2]) Die gebräuchlichste, stets nur aus besonderen rücksichten umgesetzte formel lautet *weinen unde klagen:* unzulänglich.

[3]) = *gesëllëte* praet., Lachm. Kl. schr. 1, 237.

[4]) = *bürgetore,* dat.

[5]) Von Lachmann, colleg 184 2/3, mit vollem recht als „fehler" bezeichnet.

§. 37. **Metrische und grammatische übergänge**. Die caesur wird (gleich dem genauen reime) erst allmälig zu jener reinheit ausgebildet, welche die classischen volksepen auszeichnet; zu beginne des zeitraumes begegnen freiheiten, die sich auch bei fortschreitender kunst, freilich seltener, als erlaubt erhalten. Es wird nämlich die formelle und logische trennung nicht nach **beiden** richtungen durchgeführt, so dass entweder ein grammatischer oder ein metrischer übergang stattfindet.

I. **Elision auf der caesur** ist elision des vocalischen anlautes der zweiten vershälfte in das auslautende tonlose *e* der ersten halbzeile, so dass die verschlungenen silben die vierte hebung bilden: eine überschüssige silbe, gewönlich ein nicht zu duldender zweisilbiger auftact des zweiten halbverses, wird so hinweggeschaft *(g)*. Vgl. §. 11 *l)*, anm. 1.

II. **Enjambement** (vgl. §. 34 *s* anm.). Dasselbe ist aao. definiert als übergang des sinnes von einem verse oder halbverse in den andren, so dass logisch und syntaktisch eine einheit bildende worte durch den versschluss auseinandergerissen werden: **enjambement ist also die trennung eng zusammengehöriger satzteile durch den versschluss** (s. o.) **oder die caesur**. In letzterer ist die erscheinung weit häufiger, weil der abschnitt an sich nicht so scharf markiert ist, und weil ihre technik im classischen zeitraume erst zu voller ausbildung gelangt. In der Nibelunge nôt ist daher enjambement ein kennzeichen altertümlichen stiles, das sich zwar ziemlich selten, aber gerade in den edelsten liedern findet. Am häufigsten trifft es die verschiedenen formen des attributs: es trennt das attributive adjectiv *(h)*, artikel oder pronomen *(i)*, auch den titel *(k)* oder adnominalen genetiv *(l)* vom beziehungsworte, das auxiliare vom verbum finitum *(m)*.

g) Nib. 587, 1. *dô rang er nâch ir minne ' und zerfuorte ir diu kleit.*
588, 2. *si truog in zeime nagele ' und hieuc in an eine want.*
1061, 3. *zuo dem sêwe ' an die guoten schiffelin.*

h) Nib. 402, 3. wil er mîn geteiltiu	spil alsô bestân.
1530, 2. des wurden snelle	helde misscvare.
i) Nib. 388, 2. driu palas wîte und einen	sal wol getân.
Tit. 116, 1. dînes râtes, dînes bedarf ich mit ein ander.	trôstes, dîner hulde
k) Nib. 693, 1. dô sprach der marcgrâve	Gêre, ein riter guot.
l) Nib. 705, 2. 'daz ich eigenmannes	wine solde sîn'
m) Nib. 1713, 2. 'swer sin selbes hüeten ich wæne si die liehten	wil, des ist wol zît. brünne an in tragen ...' (h).

§. 38. Caesurreim.*) Im gegensatze zu den im vorigen paragraph besprochenen altertümlichkeiten hegen jüngere, schreiber, überarbeiter, die tendenz, die caesur nachdrücklicher hervorzuheben, wofür es allerdings kein drastischeres mittel geben konnte, als den reim; dieser aber widerstreitet dem wesen der caesur; denn er markiert den abschluss des verses, die verkünstelten fälle innerer bindungen (§. 35) abgerechnet. Nach der auffassung derjenigen, welche reimende caesuren abfassten oder die reimlosen caesuren der volksepen durch einführung von reimen zu binden suchten, sollte der caesurreim in der tat nichts andres sein als eine zierde im sinne des schlagreimes, der pausen u. dgl. Aber caesurreim verändert das wesen des verses und der strophe: den vers, weil caesuren stets klingend gebunden sind, was der umstand zur genüge beweist, dass wir keine einzige vollbetonte caesur gereimt finden, was wieder ganz erklärlich ist, wenn man bedenkt, dass dem überarbeiter, dem wir die form C der Nibelunge verdanken, die tonlosen endreime nicht mehr als stumpf galten; die strophe aber zersetzt einführung des caesurreimes völlig, wie am besten ein vergleich der Wolframischen Titurelstrophe mit der Albrechts von Scharfenberg zeigt (§. 47. 48): eine vierzeilige strophe wird da durch reim zweier caesuren eigentlich

*) Diese erscheinung könnte ebensowol im V. als im VII. capitel erörtert sein; im V. fehlt aber noch die definition der caesur, während andrerseits im interesse der anordnung und übersichtlichkeit die entlastung des VII. geboten schien: die caesur wieder wurde vor der strophe abgehandelt, weil diese eine größere zal von versen umfasst, jene aber auf den einzelnen vers sich bezieht.

sechszeilig (anstatt *aa*, *bb* entweder *zaza*, *bb* oder *aa*, *xbxb*) und überdies dreiteilig, wenn sie auch ursprünglich zweiteilig angelegt ist; durch caesurreim in allen vier versen wird die strophe achtzeilig mit gekreuzten reimen (*zaza*, *ḃbḃb*): der charakter also des verses und des reimes verändert. — Reim der ersten und dritten, zweiten und vierten zeile oder der beiden inneren verse ist entweder zu sehr oder zu wenig fühlbar, oft zufällig, überhaupt nicht häufig *(q)*.

In der Nibelunge nôt ist der caesurreim ein kennzeichen interpolierter strophen; die reime dieser strophen sind durchgängig genau *(n)*, während sich in echten nur assonanzen, zum teile sehr roh und oft ganz gewiss zufällig finden *(o)*; ebenso im Alphart, in der Kudrun, hier neben reinen, „so dass oft schwer zu sagen ist, was überhaupt noch als reim gefühlt wurde". Martin s. X); die überarbeiter des epos haben dann auch, selten in *B*, öfter in *C* ganz durchgereimte strophen zugefügt, deren in *A* überhaupt nur zwei — die unten *(p)* gegebenen 1 und 17 — stehen.

n) Nib. 454, 3. er gie zuo eime berge,   dar ûfe ein burc stuont,
und suochte herberge,   sô die wegemüede tuont.
1054, 1. dô sie verkiesen wolde   ûf Gunthêr den haz,
ob er si küssen solde,   ez zæme im dester baz.

o)   21, 3. stark und mære   wart sît der küene man.
hey waz er grôzer ëren   ze diser werlde gewan.

p)   1. Uns ist in alten mæren   wunders vil geseit
von helden lobebæren,   von grôzer kuonheit;
von vröuden hôchgeziten,   von weinen und von klagen,
von küener recken strîten   muget ir nû wunder hœren sagen.
17. 'Die rede lât beliben,'   sprach si, 'vrouwe mîn.
ez ist an manegen wîben   vil dicke worden schîn,
wie liebe mit leide   ze jungest lônen kan:
ich sol si mîden beide,   sôn kan mir nimmer missegân.'
102, 5. B. Dô sprach der küenec rîche: 'du maht wol haben wâr.
nu sich wie degenlîche   er stêt in strîtes vâr,
er und die sînen degene,   der vil küene man.
wir sulen im engegene   hin nidere zuo dem recken gân.'

q) 253. *Der künec pflac siner geste*   *vil güetlichen wol.*
      der fremden und der kunden   *din laut wären wol.*
      er bat der sére wunden   *vil güetlichen pflegen.*
      dô was ir übermüeten   *vil harte ringe gelegen.* [1]

VII. Strophe.

§. 39. Poëtische formen. Eine reihe (gleichmäßig) geordneter verszeilen, die zusammen ein metrisches ganzes bilden, heißt strophe. Die anwendung der strophe gehört nicht in die metrik, sondern in die poëtik [*] und die poëtische stillehre; hier kommt die strophe nur hinsichtlich ihres baues in betracht.

Man unterscheidet die strophenform eines gedichtes, den **ton** (die strophe selbst heißt mhd. *liet*), und die musikalische begleitung, die **weise**. Eine hauptforderung, die in der blütezeit des minnesanges an den dichter gestellt wurde, war die originalität des tones. Man wandte fremde töne, wo nicht zufällig zwei dichter auf die gleiche einfache strophe verfallen sein mögen, nur bei ausdrücklicher beziehung auf das ältere gedicht zu antwort, spott, scherz, lob an [**]; vereinigte selbst zwar mehrere *lieder* eines tones zu einem ganzen, vermied aber in der regel denselben zu wiederholen (ausg. in der spruchpoësie). Es setzt dies eine außerordentlich rasche verbreitung und sehr allgemeine teilnahme an den producten der einzelnen dichter voraus, die aber wenigstens

---

[1] Muster schlechtes strophenbaues.

[*] Allerdings ist man zur scheidung der poetischen formenlehre von der metrik auf unserem gebiete noch kaum vorgedrungen und das mag entschuldigen, wenn in den folgenden paragraphen oder z. b. mit der aufnahme des **leiches** u. ä., was einmal von einer mhden. metrik noch immer vorausgesetzt wird, die strenggesteckte grenze dieses buches überschritten scheinen sollte. Maßgebende gesichtspunkte für eine mhde. poëtik enthalten Scherers **deutsche studien**. Sitzgsber. d. wien. akad. LXIV. 283—355. LXXVII. 437—516.

[**] Das bekannte *tônediep* jedoch ist ein jüngerer begriff.

VII. Strophe.

für Walther*) hinlänglich bezeugt ist. Daraus ergibt sich aber für die lyrik eine schier unübersehbare fülle von formen, die natürlich hier nicht abgehandelt werden können.

Der (gesagte?) **spruch** ist stets einstrophig (un- oder dreiteilig s. u.): es ist aber häufig, ja gewönlich eine größere anzal von sprüchen in demselben tone abgefasst.**) Die

---

*) Ulrich von Lichtensteins bote grüßt ihn mit W.'s lied: *ir sult sprechen willekomen:* im welschen gast wird diesem vorgeworfen, dass er durch einen bestimmten spruch (34, 4) tausende betört habe (Walth. s. 161, z. 62); Wolfram spielt bereits im Parzival und im Willehalm auf Waltherische gedichte ausdrücklich an; Ulrich behauptet, dass seine *ûzreise* noch denselben sommer, da er sie gedichtet, allgemein gesungen worden (402, 10. 405, 16).

) „Dass das mittelalter den **spruch als besondere lyrische gattung betrachtet habe kann mit völliger sicherheit nicht behauptet werden. Gleichwol besteht zwischen lied und spruch ein unläugbarer unterschied; ihn zuerst erkannt und aufgedeckt zu haben, ist ein verdienst Simrocks. Schon in der art des vortrages unterscheidet sich der spruch vom liede dadurch, dass er nicht wie dieses gesungen, sondern hergesagt, und nicht in begleitung von musikinstrumenten, sondern sprechweise vorgetragen wurde (?). Mit dieser vortragsweise im genauesten zusammenhange steht **die meist langgestreckte versart** und der minder kunstvoll geregelte metrische bau der sprüche. Zwar ist im allgemeinen auch der spruch dem gesetz der dreiteiligkeit unterworfen; doch finden hier weit häufiger ausnahmen statt als beim lied und dann sind diese ausnahmen ganz anderer art: in fünf spruchtönen Walthers erscheint unteiliger aufbau der strophen und diese fünf töne umfassen nicht weniger als sechzig, also reichlich die hälfte der gesammten sprüche". Pfeiffer, Walther, s. 177. Scherer DSt. I, 327 f. fasst wol richtiger die gesetze des spruches in folgende sätze: 1. der spruch ist **gesungene** poësie (es sind uns zu spruchtönen sangweisen überliefert); 2. der spruch ist **monologisch** („ein einzelner redet entweder zu sich selbst oder zu einem zweiten — wie im rätsel und in streitgedichten — oder zu dem publicum"); 3. der spruch ist **einstrophig** (das gesetz wird bis zum ende des zeitraumes, angeblich bis Frauenlob, beobachtet); 4. die **strophe des spruches ist größer**, besteht aus längeren versen und ist auch wol unteilig aufgebaut; 5. der spruch ist zu gottes- und herrendienst, **nicht zu frauendienst** bestimmt („also mehr gnomisch-didaktisch"). S. 337: „Der spruch ist die form des altdeutschen volkstümlichen gelegenheitsgedichtes, die in der blütezeit der mhden. litteratur nur für gewisse stoffe beibehalten und nur von wenigen dichtern (gemeint ist vor allen Walther) ausgiebig gepflegt, für das eigentliche liebeslied aber in der regel mit mehrstrophigen und sangbaren — auch tanzbaren — weisen vertauscht wurde." Rathay, XI. jahresber. Leopoldstädter Gymn. in Wien, 1875 hat den spruch als poëtische sonderart völlig geläugnet, jedoch ohne allen erfolg.

g e s u n g e n e n gedichte scheiden sich in eigentliche l i e d e r *)
mit dreiteiligem, r e i h e n (Liliencron HZ. 6, 87) mit zweiteiligem **) und l e i c h e (gesungene tanzweisen) mit wechselndem, verschiedenartigem strophenbau (s. u. §. 50). Außer im leiche müssen sich in den (lyrischen sowol als in den epischen) strophen die zeilen nach anzal, stellung (reim), länge (zal der hebungen), g e n a u entsprechen (d. h. es ist nicht einmal dreimal, einmal viermal gehobener, einmal klingender, einmal stumpfer schluss, einmal gepaarter, einmal gekreuzter reim, sondern an gleicher stelle immer nur gleiches möglich).

In der epischen poësie sind strophische und unstrophische gedichte zu unterscheiden. Die höfischen epiker bedienten sich zumeist der kurzen reimpaare, auf welche die strophische dichtung nur insoferne einfluß geübt zu haben scheint, dass nach dem vorgange dieser epen, in denen (Nib.) ursprüngliche abschnitte von je sieben vierzeiligen strophen = achtundzwanzig zeilen (h e p t a d e n) wenigstens höchst wahrscheinlich sind, absätze von 30, dann in folge der reimhäufung am schlusse, auch 31 und 32 versen angewandt wurden, wenn nicht in allen, doch in vielen und gerade den hervorragendsten werken des zeitraumes [Iwein, Parzival, Klage ***)].

---

*) Der reichtum der mhden. yrik zeigt sich in der fülle von ausdrücken, die zum teile selbstverständlich, zum teile allerdings dunkel sind. Das wörterbuch (I. 984) führt folgende arten des liedes (die meisten zwei stellen Leutolts von Seven und des Marners entnommen) an: *badeliet, brütliet, hügeliet, jageliet, klageliet, kriuzliet, lobeliet, mandaliet* (Wackernagel, §. 68, 7.: freudenlied?), *minneliet, rüegliet, sageliet, schimpfliet, sigeliet, tageliet, tanzliet, trūtliet, twingliet, wicliet, wineliet, zügeliet.* Ulrich von Liechtenstein nennt seine lieder: *sincwise, tanzwise, langiu wise, ūzreise* (hiezu Scherer AfdA. 1. 263); *unwise* der üble sang Walth. 65, 15. Noch anders Ulrich: als ein *vrowen vrier man,* d. h. ohne bestimmten liebesdienst versichert er, *jrouwd. 427, 27 von wibe lop ich doch nicht schiet, in wânwisen sang ich in liet.*

**) Ulrich bezeichnet aber als *r e y e n* ein lied von unzweifelhaft dreiteiligem baue: 4 + 4 + 7. (431, 19 ff.)

***) Neuestens hat Martin die abschnitte von 30 für Hartmanns erstes büchlein nachgewiesen, für den Gregorius höchst wahrscheinlich gemacht (Haupt. Der AH. u. d. büchlein 2. aufl., s. XIX. XX). Über die heptaden, welche von den gegnern Lachmanns rundweg geläugnet und, wie

Doch sind diese abschnitte durchaus nicht strophen gleichzuachten; die reimpaare sind vielmehr der strophischen dichtung geradezu entgegengesetzt. Nur wenige höfische epen sind in strophen abgefasst (Tit., Lohengrin, Wartbgkr.), wie andrerseits einige, die ihren stoff aus der nationalen sage (vornehmlich dem Amelungenkreise) schöpfen, in kurzen reimpaaren. Die meisten und bedeutendsten der sogenannten volksepen jedoch haben strophische form; die epische strophe unterscheidet sich wieder wesentlich von der lyrischen, indem diese dreiteilig, jene (wenigstens ursprünglich) zweiteilig ist.

§. 40. **Lyrische strophe.** Die lyrischen strophen, in welchen die lieder abgefasst sind, sind durchaus dreiteilig.*) Einem gleichteiligen **aufgesang**, der aus zwei hälften mit einer gleichen anzal versen, die entweder gleiche oder doch parallele, dann übergehende reimstellung haben (z. b. entweder *abab*, *cdcd* oder *aabccb* u. dgl.) und mit einem jüngeren kunstausdruck **stollen** genannt werden, folgt ein stets in der reimstellung, gewönlich auch in der zeilenzal, häufig auch in der zeilenlänge verschiedener **abgesang**. Der abgesang kann länger oder kürzer sein als ein stollen oder auch beide an länge übertreffen.

Man liebt es, die abschnitte im liede durch verlängerung oder verkürzung der letzten zeile zu markieren. Das mittel für die variation der töne besteht somit in der verschiedenartigkeit: 1. der reime nach art und stellung; 2. der zeilenlänge; 3. der zeilenzal und 4. der hieraus resultierenden gruppierung.

---

die über jeden zweifel erhabenen absätze von 30, einfach ignoriert werden, s. Lachmann Nib. nôt, s. XII, anm. s. 163; Müllenhoff, z. g. N. N. s. 9 f; Scherer, DSt. I, 308 f; Muth, einltg. in d. Nibl. s. 285—288.

*) Den behaupteten „einteiligen" ausnahmen gegenüber ist vorsicht geboten: so ist von den, angeblich nicht dreiteiligen liedern Walthers das eine, das vocalreimspiel, in welchem er in den strophen nacheinander den reim der vocale $a\ e\ i\ o\ u$ durchführt 75, 25, siebenzeilig mit je vier hebungen, also = $(2 + 2) + 3$; das andere 39, 1 hat fünf gleichreimende stumpfschließende zeilen mit je vier dactylen: aber es sind zwei strophen, d. h. ein regelmäßig zweiteiliger reihen; ob 94, 11 aber nach dem schema $(2 + 2) + 5$ (aa, $\beta\beta$, $\gamma\gamma\gamma$, dd) geht, ist allerdings fraglich. Eine reimspielerei ist auch das fünfstrophige gedicht $Vrouwed.$ 563 (LII): Form §.34, z combiniert §.35, 7.

VII. Strophe.

ad 1. Beim reime ist zu berücksichtigen, dass schon die drei grundformen durch combination und wechsel stumpfen und klingenden schlusses auf zwölf ($aabb$, $aaβ\underline{β}$, $xxbb$, $xxβ\underline{β}$; $abab$, $aβaβ$, $xbxb$, $xβxβ$; $abba$, $aββa$, $xbbx$, $xββx$*) sich erhöhen (bei drei reimen sind schon 240 permutationen möglich), dass überdies die dichter zu den kunstvollsten verschlingungen greifen, in denen die bedeutenden ebensowol in der formgewandtheit ihre poëtische kraft, als die unbedeutenden in der übertreibung ihre geschmacklosigkeit bekunden, und dass an die stelle der zu beginne des zeitraumes, namentlich in den volksepen noch sich zeigenden reimarmut bald ein überraschender reichtum und die höchste sicherheit tritt. Als beispiel sei das schema von einem der wächterlieder (tageweisen) Wolframs gegeben, die wol zu dem vollendetsten gehören, was die lyrik aller zeiten hervorgebracht.

Wolfr. 7, 41. *Ez ist nu tac,* *daz ich wol mac,* *mit wârheit jehen,*	$a + a + w$ ⎫
ich wil niht langer sîn.	b ⎪ Aufgesang
diu rinster naht hat uns nu bräht *ze leide mir*	$c + c + x$ ⎪
den morgenlichen schîn.	b ⎭

'*sol er von mir scheiden nuo,*	d ⎫
min friunt, diu sorge ist mir ze cruo:	d ⎪
ich weiz vil wol, daz ist ouch ime,	y ⎪
den ich in minen ougen gerne burge,	z ⎪ Abgesang
möhte ich in alsô behalten.	z ⎪
min kumber wil sich breiten:	z ⎪
owê des, wie kumt ers hin?	z ⎪
der hôhste fride müez in noch wider an minen arm geleiten.'	z ⎭

*) Wir bezeichnen durchaus mit antiqua $aa\ bb\ cc\ldots$ stumpfen, mit griechischen lettern $αα\ ββ\ γγ\ldots$ klingenden (sodann etwa $α^1α^1\ β^1β^1\ldots$ gleitenden) versschluss; mit den ersten buchstaben des alphabets reimende zeilen, mit den letzten $w\ x\ y\ z$, $φ\ χ\ ψ\ ω$ waisen, so zwar, dass die beigesetzte ziffer die anzal der hebungen bedeutet, also z. b. $3x\ 4a$, $3y\ 4a$: ein paar stumpfreimender verse von 4 hebungen mit je einer 3mal gehobenen waise mit gleichfalls stumpfem schlusse oder aber $3φ\ 4a$, $3χ\ 4β$, $3ψ\ 4β$, $3ω\ 4a$: ein doppelpaar umschlungener reime, die äußeren mit stumpfem, die inneren mit klingendem schlusse, von je vier hebungen und mit je einer dreimal gehobenen klingenden waise.

ad 2. Die länge der einzelnen zeilen ist sehr verschieden. Bartsch (der strophenbau in der deutschen lyrik Germ. 2. s. 257—298) gibt an: Die zal der hebungen bewegt sich zwischen zwei bis acht; verse von einer hebung kommen nur als pausen vor; verse von zwei und drei hebungen (letztere mit stumpfem schlusse) finden sich in der ausgebildeten lyrik nicht selten; der viermal gehobene vers, stumpf oder klingend (und der dreimal gehobene mit klingendem ausgang), ist der älteste und häufigste: da die senkung nicht fehlen darf, gleicht er mit dem gleichfalls regelmäßig gesetzten oder fehlenden auftact einem sieben- oder neunsilbigen antiken trochaeus oder jambus, weit häufiger letzterem ($\cup — \cup — \cup — \cup — \cup$ des antiken schemas); der vers mit fünf hebungen scheint aus der romanischen poësie entlehnt; die längeren verse unterscheiden sich von verwandten maßen durch den mangel einer typischen caesur, so namentlich der sechsfuss sowol vom alexandriner, als vom Nibelungenverse: sieben- und achtmal gehobene zeilen sind häufiger in der spruchpoësie als in den liedern.

Sehr gewandt sind die dichter im wechsel klingenden und stumpfen schlusses; auch kurze und lange zeilen wissen sie mit nachdruck und geschmack sowol zu häufen als wechseln zu lassen; der strophenschluss wird gerne, namentlich älterer weise, durch eine längere zeile, mitunter auch durch eine auffällig verkürzte markiert (kurzzeilen bei Reinmar, MSF. 199, 25 f.; langzeilen Walther 26, 3 f.; wechsel, Walthers leich 3, 1—8, 3, insbesondere 6, 28 f.; abgesang durch verlängerung, Reinm., MSF. 183. 2, 8, 14, 20, 26; Hartmann 209, 14, 24; durch verkürzung Reinm. 184. 2, 9, 16, 23, 30).

ad 3. Die zeilenzal, strophenlänge, ist noch variabler als die länge der einzelnen verse. Nur das eine lässt sich feststellen, dass strophen unter vier zeilen nie existiert haben: sechs- bis zwölfzeilige sind wol die häufigsten, wie es in der natur der sache liegt; aber, ganz abgesehen von den hier nicht in betracht kommenden langen strophen der leiche, sind auch im liede strophen von beträchtlichem umfange

VII. Strophe.

nicht selten: namentlich Nithart liebt lange tänze (dreiteilige lieder), doch hat Walther 17 zeilen in dem oben citierten tone, Reinmar 16, MSF. 160, 6 f. (sprüche aus zwölf reimpaaren: Walthers bekannte *ich sâz ûf eime steine* 8, 4; *ich hôrte ein wazzer diezen* 8, 28; *ich sach mit mînen ougen* 9, 16.).

Über lyrische strophen aus der epischen s. §. 41, anm. 2.

Beispiele. Eine ausführliche erörterung des lyrischen strophenbaues würde die grenzen dieses buches überschreiten. Im folgenden ist nur eine spruchstrophe *(a)* eines von Walther häufig gebrauchten tones angeführt und eine strophe *(b)* aus einem reihen Neidharts. — Die lieder dieser beider dichter (Walthers eigentliche lieder und Neidharts „tänze") zeigen manche charakteristische eigentümlichkeit. So kann der abgesang im verhältnisse zum aufgesange I. kürzer *(cde)*, II. gleich lang *(f)*, III. länger *(g)* sein; im ersteren falle kann er 1. länger als ein einzelner stollen *(c)*, 2. von der stollenlänge *(d)*, 3. kürzer als ein stollen sein *(e)*. Der fall I. 1, abgesang kürzer als der aufgesang, aber länger als ein stollen (z. b. $3 + 3 + 4 = 6 : 4$ zeilen) ist der häufigste; bei Walther nun finden sich alle möglichen formen, in Neidharts winterliedern (tänzen) jedoch ist der abgesang stets kürzer als der aufgesang (sehr selten nach 2., nicht häufig nach 3., gewönlich nach 1. gebaut). — Die beispiele sind so gewält, dass zugleich die reimtechnik und die methode des strophenschlusses durch verlängerung und verkürzung der schlusszeilen zur anschauung gebracht wird. Insbesondere bemerke man noch Walthers kreuzlied *(d)*. Dasselbe besteht aus fünf gleichen absätzen nach dem schema $a a b$; dadurch aber, dass je die beiden ersten und die drei letzten durch gleichen reim gebunden sind, zerfällt das ganze gedicht in zwei gruppen von $8 : 12$ oder regelmäßig $4 + 4 + 12$ versen: auf den ersten blick scheinbar gleichteilig, stellt sich bei näherer untersuchung dennoch seine dreiteiligkeit heraus, allerdings mit ungewönlich langem abgesange. Der mitgeteilte spruch *(a)* kann gleichfalls als dreiteilig mit versetztem abgesange aufgefasst werden: mitunter entsprechen sich nämlich in einem gedichte nicht der erste und zweite im gegensatze zum dritten teile, sondern anfang und schluss im gegensatze zur mitte; so müssen auch hier bei dem schema $a a a, \gamma d d \gamma, b b b$, zeile 1—3, 8—10 als stollen, 4—7 als versetzter abgesang aufgefasst werden. Als eine besondere gewonheit Walthers, die er von Reinmar überkommen zu haben scheint, sei bemerkt, dass er die eigentliche figur des abgesangs, ein paar oder doppelpaar gekreuzter oder umschlungener reime o. dgl., durch ein vereinzeltes reimpaar vom aufgesange zu trennen liebt.

VII. Strophe.

Spruch.
a) Walth. 26, 33

Ich wolt hêrn Otten milte nâch der lenge mezzen:	α ⎫
dô hât ich mich an der mâze ein teil vergezzen:	α ⎬ Strophe
wær er sô milt als lanc, er hete tugende vil besezzen.	α ⎭
vil schiere maz ich abe den lip nâch sîner êre,	γ ⎫
dô wart er vil gar ze kurz als ein verschrôten werc,	d ⎬ Epodos
miltes muotes minre vil dan ein getwerc;	d ⎪ Antistrophe
und ist doch von den jâren wol daz er niht wahset mêre.	γ ⎪
dô ich dem küneye brâhte dez mez, wie er ûf schôz!	b ⎬
sîn junger lip wart beide michel unde grôz.	b ⎪
nû seht waz er noch wahse: erst ieze übr in wol risen gnôz.	b ⎭

Reihen.
b) Strophenschluss α) durch zeilenverlängerung, β) durch zeilenverkürzung markiert.

α) Nith. 11, 8.

Ez gruonet wol diu heide	3 α
mit niuwem loube stât der walt:	4 b
der winder kalt	2 b
twanc si sêre beide.	3 α
5. *diu zit hât sich verwandelôt.*	4 c
min sendiu nôt	2 c
mant mich an die guoten, von der ich unsenfte scheide.	7 α

β) 13, 8.

Komen sint uns die liehten tage lange:	5 α
alsô sint die vogele mit gesange.	5 α
die habent ein niuwez runden,	3 β
daz sis nie vor manegen stunden	4 β
5. *baz begunden.*	2 β

Dreiteilige lieder.
c) Abgesang kürzer als der aufgesang, aber länger als ein einzelner stollen (beispiel normaler form $3 + 3 + 4 = 6 : 4$).

Nith. 86, 31.

Allez daz den sumer her mit vreuden was	6 a	1. Stollen ⎫
das beginnet trûren gein der winterlangen swæren zît.	8 b	⎬
sanges sint diu vogelîn gesswigen über al.	7 c	⎭ Aufgesang
gar verdorben sint die bluomen und daz gras.	6 a	2. Stollen ⎫
5 *schouwet waz des kalten rîfen oben ûf dem walde lît.*	8 b	⎬
ez ist wol von schulden, ist diu grüene heide val.	7 c	⎭
daz ist ein gemeiniu klage	4 d	⎫
diu mich rrônden wendet:	3 e	⎬ Abgesang
deist an mînem lesten tage	4 d	⎪
10 *leider unverendet.*	3 e	⎭

d) Abgesang kürzer als aufgesang, gleich einem stollen (beispiel seltener form $3 + 3 + 3 = 6 : 3$; dass der abgesang mit dem aufgesange durch einen reim gebunden ist, ist übrigens nichts ungewöhnliches; man beachte die dactylen im zweiten und fünften verse).

VII. Strophe.

Nith. 53, 35. *Wie verwinde ich beide*   3 α ⎫ ⎫
    min liep und die sumerzit?   3 b ⎬ 1. Stollen ⎬ Aufgesang
    ine kan die wolgetânen schiere niht verklagen.   7 c ⎭ ⎪
    von sô grôzem leide   3 α ⎫ 2. Stollen ⎪
  5 *mir riuwe âne vreude gît*   3 b ⎬ ⎭
    trûre ich wol von schulden nû ze disen trüeben tagen   7 c ⎭
    die uns den winder kündent, der uns manger vröude roubet.   7 δ ⎫
    sanges habent sich diu kleinen vogelin geloubet: 7 δ ⎬ Abgesang
    alsô mühte ich wol mit minem sange stille dagen.   7 c ⎭

e) Abgesang kürzer als ein stollen ($6+6+4 = 12:4$; $6+6+3 = 12:3$; $3+3+2 = 6:2$).

Reinmar, MSF. 156, 10. *Ich wæn mir liebe geschehen wil:*   4 a
    min herze hebet sich ze spil,   4 a
    ze fröiden swinget sich min muot,   4 b
    als der valke enpfluge tuot   4 b
  5 *und der are ensweime.*   3 γ
    joch liez ich friunt dâ heime.   3 γ —
    wol mich, unde vinde ich die   4 d
    wol gesunt als ich si lie!   4 d
    vil guot ist daz wesen bî ir.   4 e
 10 *herre got, gestate mir*   4 e
    daz ich si sehen müeze   3 ζ
    und alle ir swære büeze;   3 ζ —
    ob si in deheinen sorgen sî,   4 g
    daz ich ir die geringe   3 η +
 15 *und si mir die min dâ bî*   4 g
    sô mugen wir fröide niezen.   3 η,
    owol mich danne langer naht!   4 x +
    wie kunde mich verdriezen?   3 η,

Nith. 75, 15. *Owê sumerzit,*   3 a
    daz dir niemen hilfe gît.   4 a
    waz dir hazzes unde nît   4 a
    aber ûf dinem rücke lît   4 a
  5 *ê der winder sinen strît*   4 a
    an dir gar volende, als im sîn wille gegen dir stâ'.   7 b —
    er ist dir gehaz,   3 c
    ich enweiz niht umbe waz.   4 c
    sît er dinen stuol besaz,   4 c
 10 *des er selten ie vergaz,*   4 c
    eru twunge ie vürebaz.   4 c
    sîn gewalt wol tûsent ellen vür den dinen gât.   7 b —
    er hât in diu lant   3 d
    dir ze schaden her gesant   4 d
 15 *allez sîn gesinde, daz dich roubet offenliche mit gewalteclicher hant.*   11 d

VII. Strophe.

Walth. 39, 11. *Under der linden*   2 x
      an der heide,   2 ȝ
      dâ unser zweier bette was,   4 c —
      dâ mugent ir vinden   2 x
      schône beide   2 ȝ
      gebrochen bluomen unde gras.   4 c —
         vor dem walde in einem tal,   4 d
      tandaradei,   (2 x +)
      schône sanc diu nahtegal.   4 d

f) Abgesang gleich lang mit dem aufgesange $(2 + 2 + 4 = 4 : 4)$.

Walth. 74, 20. '*Nemt, frowe, disen kranz*':   3 a ⎱ 1. Stollen ⎱
      alsô sprach ich zeiner wol getânen maget: 6 b ⎰   ⎰ Aufgesang
      '*sô zieret ir den tanz*   3 a ⎱ 2. Stollen ⎱
      mit den schœnen bluomen, als irs ûffe traget.   6 b ⎰
    5   *het ich vil edele gesteine,*   4 γ
      daz müest ûf iuwer houbet.   3 δ   Abgesang
      obe ir mirs geloubet.   3 δ
      sêt mîne triuwe, daz ichz meine'.   4 γ

g) Abgesang länger als der aufgesang (s. o.), Walth. 76, 22, „kreuzlied" $(4 + 4 + 12 = 8 : 12)$.

    Aufgesang: 1. *Vil süeze wære minne*   3 x
      berihte kranke sinne.   3 x
      got, dur dîn anbeginne   3 x
      bewar die kristenheit.   3 b
    5   2. *dîn kunft ist frônebære*   3 γ
      übr al der welte swære.   3 γ
      der weisen barmenære,   3 γ
      hilf rechen disiu leit.   3 b

    Abgesang: 3. *læser ûz den sünden,*   3 δ
    10 *wir gern zeu swebenden ünden.*   3 δ
      uns mac dîn geist enzünden,   3 δ
      wirt riuwic herze erkant.   3 e
      4. *dîn bluot hât uns begozzen,*   3 ζ
      den himel ûf geslozzen.   3 ζ
    15 *nû lœset unverdrozzen*   3 ζ
      daz hêrebernde lant.   3 e
      5. *verzinset lip und eigen.*   3 η
      got sol uns helfe erzeigen   3 η
      ûf den der manegen veigen   3 η
      der sêle hât gepfant.   3 e

Besonders auffallend die seltene form $1 + 1 + 4 = 2 : 4$.

VII. Strophe.

Pseudo-Walth. XVII, 1. *Iârlane sint die tage trüebe,*　　　$x = 1.$ Stollen ⎫ Aufgesang
　　　　　　　　　　lützel ist daz sich ze fröuden üebe. $x = 2.$ Stollen ⎭
　　　　　　　　　　des sint löuber unde gras　　　　　　　　　b ⎫
　　　　　　　　　　verdorben, dar zuo bluomen unde klê, c ⎪ Abgesang
　　　　　　　　　5 *daz der ougen wünne was.*　　　　　　　b ⎪
　　　　　　　　　　den vogeln tuot der kalte rife wê. 　　　c ⎭

Endlich eine der tageweisen Wolframs 6, 10. $(3 + 3 + 9 = 6 : 9)$.

Aufgesang :　*Von der zinnen*　　　　　　　　　2 x ⎫
　　　　　　wil ich gên, in tagewise　　　　　 4 ʒ ⎬
　　　　　　sanc verbern.　　　　　　　　　　2 c ⎭
　　　　　　　die sich minnen　　　　　　　　2 x ⎫
　　　　　　　tougenliche, und obe si prise　 4 ʒ ⎬
　　　　　　　ir minne wern,　　　　　　　　 2 c ⎭
Abgesang :　　*so gedenken sêre*　　　　　　　 2 ʒ
　　　　　　　an sine lêre,　　　　　　　　　 2 ʒ
　　　　　　　dem lip und êre　　　　　　　　2 ʒ
　　　　　　　ergeben sin.　　　　　　　　　 2 e
　　　　　　　der mich des bate　　　　　　　2 ⁓
　　　　　　　deswar ich tate　　　　　　　　2 ⁓
　　　　　　　im guote rate　　　　　　　　　2 ⁓
　　　　　　　und helfe schin.　　　　　　　　2 e
　　　　　　　ritter, wache, hüete din.　　　　4 e

Anmerkung. Am liebsten entsprechen sich, wenn auch diese übung nicht als gesetz hingestellt werden kann, stumpfer schluss und klingende waise und umgekehrt [s. unter e) das beispiel aus MSF.].

Bemerkt sei noch die übung einzelner, z. b. Ulrichs von Lichtenstein, der letzten strophe zu kräftigerer markierung des abschlusses, gewöhnlich zwei (stets durch reim gebundene), pluszeilen anzufügen. (Ulr. 519, 5—8, drei pausen für eine; eine pluszeile 434, 2. 458, 7; zwei 449, 1—10).

§. 41. Epische strophe. Die schönste, gebräuchlichste und edelste strophe ist die des Nibelungenliedes, bestehend aus vier paarweise gereimten langzeilen mit um eine hebung verlängertem schlusse. Dieselbe darf aber wegen der gleichheit der beiden ersten zeilen und der verschiedenheit der letzten nicht etwa für dreiteilig gehalten werden, sondern sie ist, wie ihre entwicklung lehrt, zweiteilig.

Die grundform aller strophen, die einfachste und älteste strophe, waren vier kurzzeilen von je vier hebungen: nachdem klingender und gekreuzter reim weitaus jünger sind, paarweise stumpf gereimt: zwei stumpfe reimpaare: I. 4 a,

$4a$, $4b$, $4b$; um den strophenschluss stärker hervortreten zu lassen, schob man der letzten zeile eine waise vor — hier sind nach dem, was wir über die caesur gesagt, drei hebungen mit klingendem oder vier mit stumpfem ausgange völlig gleichgiltig —, also II. $4a$, $4a$, $4b$, $4x+4b=4a$, $4a$, $4b$, $3\varphi+4b$; man fand daran gefallen und gewönte sich an die, für den epischen gesang weit geeignetere, langzeile, indem man den vorgang wiederholte und jedem verse eine waise voranstellte, so dass die form sich ergab III. 3φ $(4w)+4a$, $3\chi(4x)+4a$, $3\psi(4y)+4b$, $3\omega(4z)+4b$; damit war aber der ursprüngliche zweck, die markierung des strophenschlusses, verloren; denn man hatte wieder vier verse von ganz gleicher länge, nur langverse statt der früheren kurzzeilen: man half sich nun, nicht indem man den endvers noch einmal verlängerte, sondern mit richtigem tacte durch verkürzung der ersten reimzeilen, zweiten halbverse, um je eine hebung. Und zwar scheint auch diese letzte entwicklung in zwei phasen vor sich gegangen zu sein. Das vorkommen längerer, schwererer verse in der ersten hälfte der strophe (soweit scheint mir Simrock, die Nibstr. und ihr ursprung, von dem ich im übrigen, Müllenhoffs deduction HZ. 17, 599 f. folgend, völlig abweiche, beweiskräftig); vor allem aber die beschränkung der tonlosen stumpfen reime auf die beiden ersten langzeilen — vielleicht dass man, da eben (s. u. anm. 1 die variation der form II) strophen mit klingendem schlusse aufkamen, am ende der strophe verwechselung mit klingendem reime besorgen mußte, vielleicht dass, sowie die höfische dichtung nicht klingenden reim bei ungleicher zal der hebungen (nicht $3z:4z$ oder $4z:3z$, sondern nur $3z:3z$, $4z:4z$*) zulässt, **tonloser reim bei ungleicher zeilenlänge nicht erlaubt schien** — machen es klar, dass die erste hälfte der strophe länger die altertümliche form von vier hebungen bewahrte und zuerst nur die dritte langzeile, der sechste halbvers, eine hebung abgab, so dass die nunmehrige

---

*) Hiezu vgl. AfdA. 1, 262 f. (Scherer über die metrik in Ulrichs büechlin).

VII. Strophe.

form war IV. $3\varphi(4w) + 4a$, $3\chi(4x) + 4a$, $3\psi(4y) + 3b$, $3\omega(4z) + 4b$ *); dieser einschnitt mochte wol zu kräftig sein; entschieden weicher wurde die strophe und dabei doch der ursprüngliche zweck gewahrt, indem diese verkürzung von der dritten auf die beiden vorhergehenden reimzeilen ausgedehnt wurde, so dass man endlich erhielt die form V. $3\varphi(4w) + 3a$, $3\chi(4x) + 3a$, $3\psi(4y) + 3b$, $3\omega(4z) + 4b$, die eigentliche Nibelungenstrophe, vielleicht *Kürnberges wise*, wenn MSF. 8, 5 richtig ausgelegt ist, da ein einzelner ritter oder dichter gewiss nicht der erfinder dieser echt volkstümlichen strophe ist, aber immerhin der name dessen zufällig erhalten sein kann, durch den vielleicht der schritt zur vierten oder fünften form geschah.

Die fünf formen ordnen sich demnach übersichtlich:

I.	II.	III.	IV.	V.
$4a$	$4a$	$4w + 4a$	$4w + 4a$	$4w + 3a$
$4a$	$4a$	$4x + 4a$	$4x + 4a$	$4x + 3a$
$4b$	$4b$	$4y + 4b$	$4y + 3b$	$4y + 3b$
$4b$;	$4x + 4b$;	$4z + 4b$;	$4z + 4b$;	$4z + 4b$.

Aus der fünften form gehen sodann durch variation nicht nur eine anzal lyrischer strophen — was nicht wunder nehmen darf, da wir in den hss. ja auch lyrische dichtungen unter dem namen des Kürnbergers in dieser sonst für das epos typischen strophe finden —, sondern auch die meisten epischen strophen hervor.

Anmerkung. 1. Die fünf formen in aller strenge zu belegen, vermögen wir nicht; dennoch ist diese entwickelung mehr als hypothese; sie ist notwendiges postulat. Schon die zweite form ist zu belegen, in aller strenge als grundform des freilich nur in sehr verderbter überlieferung vorhandenen epos Salomon und Markolf:

> 1623. *Wellent ir mir losen diu bant,*
> *ich hân erkündet vil der laut,*
> *ich wolde in rrömde mure sagen,*   (Form II.)
> *wâz ich in der heidenschaft*
> *grôzer liden hân vertragen.***)

---

*) Müllenhoff hat (laut Scherer HZ. aao.) die formen aufgestellt I., II., III., V.; die scheidung zwischen IV. und V. habe ich zuerst vermutet in meiner einltg. in das Niblied. s. 262.

**) Mir ist leider Vogts ausgabe nicht zur hand; über die strophe vgl. AfdA. 7, 299. DSt. 1, 284.

VII. Strophe.

Geringe variation (4 a, 4 a, 3 β, 4 x + 3 β) zeigt eine alte, vereinzelte strophe MSF. 3, 12—16, zugleich beweisend, dass man strophenschluss durch klingenden reim zu markieren begann — grund genug, eine zweideutigkeit zu vermeiden, die demnach tonloser reim mit überschüssigem gleichklang der stammsilbe *slüegé : trüegé*) in der zweiten hälfte der Nibelungenstrophe hätte sein können. Die niedliche strophe lautet:

> *Tougen minne diu ist guot,*
> *si kan geben hôhen muot.*
> *der sol man sich vlîzen.* (Form II. var.)
> *swer mit triuwen der niht phliget,*
> *dem sol man daz verwîzen.*

Die dritte form ist allerdings in keinem epos, wol aber bei einem alten, vortrefflichen lyriker nachzuweisen, dessen tätigkeit gerade in die periode fällt, in welcher jene ausbildung vor sich gegangen sein muss, bei Dietmar von Eist.

MSF. 33, 15. *Ahî nu kumet uns diu zît,*   *der kleinen vogelline sanc.*
           ez gruonet wol diu linde breit,   *zergangen ist der winter lanc,* (Form III.)
           nu siht man bluomen wol getân   *üeben an der heide ir schîn.*
           des wirt vil manic herze frô: *des selben trœstet sich daz mîn.*

Die vierte form findet sich gleichfalls bei einem der ältesten lyriker, dem burggrafen von Regensburg, und in einer variation, die deutlich zeigt, wie man die dritte von der vierten langzeile durch verschiedene länge zu unterscheiden trachtete und so die allernachdrücklichste hervorhebung des strophenschlusses erlangte: der letzte vers zält in beiden hälften je fünf hebungen, ist also um zwei verlängert und dessenungeachtet der vorletzte um eine hebung verkürzt.

MSF. 16, 15 *Ich lac den winter eine:*   *wol getrôste mich ein wîp*
           für daz mir fröide kunten   *die bluomen und diu sumerzît* (Form IV. var.)
           daz nideut merkære: *des ist mîn herze wunt*
           ez heile mir ein frowe mit ir minne,   *ez enwirdet niemer mê gesunt.*

Anmerkung. 2. Außer diesen variationen der grundformen finden sich auch variationen der eigentlichen Nibstr. bei lyrikern. Wir geben dieselbe, wie sie Zacher in seinem colleg mitzuteilen pflegt; vgl. Lachmann, zu den Nib. s. 5. (Der übersichtlichkeit halber ist die eigentlich variierende zeile gesperrt gedruckt und die anordnung nach langzeilen beibehalten. Die eckige klammer soll andeuten, dass nur aus typischen gründen die anschließende zeile nicht eigens abgesetzt ist.)

VII. Strophe.

1. **MSF. 4, 35.**
   'Ritest du nu hinnen, — der aller liebeste man? — $3x+4a$
   du bist in mînen sinnen — für alle die ich ie gewan, — $3x+4a$
   kumest du mir niht schiere — so verliuse ich mînen lip — $3y+4b$
   den mûhte in al der welte — $3y+$
   got niemer mir vergelten' — sprach daz minnecliche wîp. — $[3y]+4b$

2. **MSF. 7, 1.** (Kürenberc?)
   Vil lieber friunde râren — daz ist schetelich: — $3y+3a$
   swer sînen friunt behaltet, — daz ist lobelich — $3z+3a$
   die site wil ich minnen. — $3y+$
   bite in daz er mir holt sî, — als er hie vor was, — $[3z]+3b$
   und man in waz wir reteten, — dô ich in ze jungest sach. — $3w+4b$

3. **MSF. 4, 26.**
   Ich hân den lip gewendet — an einen riter guot. — $3x+3a$
   daz ist also verendet — daz ich bin wol gemuot. — $3x+3a$
   daz nident ander vrouwen — und habent des haz — $3y+3b$
   und sprechent mir ze leide — $3y+$
   daz si in wellen schouwen. — mir geviel in al der welte nie man baz. — $[3y]+5b$

4. **Walth. s. XIII.** (anonymi?)
   Jâ lige ich mit gedanken — der abebesten bî, — $3y+3a$
   mirst leit daz ich si ie gesach — sol si mir fremde sin. — $4x+3a$
   ich muc ir niut vergezzen — deheine zît: sist guot — $3z+3b$
   und ist behuot: — $2b$
   des trûret mir der muot. — $3b$
   ir sult mir alle helfen — klagen diu leit diu man mir tuot. — $3z+4b$

Nr. 1 ist merkwürdig, weil die variation trotz der caesurreime nicht von V, sondern von der älteren form III ausgeht; nr. 3, das demselben vf. (möglicherweise kaiser Heinrich VI.) zugeschrieben wird, ist der ersten strophe sehr ähnlich: beide haben caesurreim, doppelte waise vor dem letzten halbverse, jedoch mit verschiedener behandlung des reimes ($\div b \mathrel{\mathfrak{z}} b$ gegen $\mathrel{\mathfrak{z}} b \div \mathrel{\mathfrak{z}} b$ ist das reimschema der zweiten strophenhälften); nr. 2 ist der grundform am treuesten, indem es nur die dritte waise verdoppelt; nr. 4 hat im zweiten langverse stumpfe waise, weit auffälliger aber den unschönen doppelten reim auf die dritte zeile, wodurch die strophe mit einer reimhäufung schließt.

Anmerkung 3. Einer von der obigen darstellung völlig abweichenden anschauung huldigte Wackernagel. Hatte Jacob Grimm die langzeile mit caesur für den ursprünglichen epischen vers gehalten (lat. ged. s. XXXIV. XXXVIII. XLII. Andreas und Elene s. LV), so führte Wackernagel, die vierzal der zeilen übrigens festhaltend (§. 31, 9), den Nibelungenvers auf die nachahmung des französischen alexandriners zurück (§. 48, 10), eine ansicht, die heute als überwunden gelten kann.

§. 42. **Nibelungenstrophe.** Die Nibelungenstrophe besteht somit aus vier paarweise stumpf gereimten langversen, deren erste hälften durchaus vier hebungen mit stumpfem (meist tonlosem) schlusse haben, während der zweite halbvers in den drei ersten zeilen je drei, in der letzten jedoch vier hebungen zält: **stumpfes reimpaar, stumpfe reimlose caesur, verlängerte schlusszeile** sind ihre charakteristica.

Es ist schon hervorgehoben, dass diese strophe in der caesur kurze hochbetonte stammsilben mit stummem *e* nicht duldet (§. 36), dann, dass der reim des tonlosen *e* (in beiden formen *quâmén, Hagené*) bei überschüssigem gleichklang der stammsilbe nur in der ersten hälfte der strophe zulässig ist. Ebenso werden vier gleiche reime, von einzelnen auch zweisilbiger auftact vermieden. In den echten teilen der Nibelunge nôt schließt mit der strophe auch der sinn, nur im XX. liede finden sich fälle überlaufender construction; andererseits ist es jedoch ein zeichen schlechtes strophenbaues und geringer kunstfertigkeit, wenn eine strophe nach ihren vier langversen in vier sätze zerfällt.

VII. Strophe.

Die echten lieder von den Nibelungen (24 abschnitte: Lachmanns XX lieder, von denen IV., XI. und XVII. eine fortsetzung haben, und der abschnitt 1917—1945, XVIII b, aus welchem eine strophe auszuscheiden ist) zeigen eine durch sieben teilbare strophenzal; die strophenzal ist verbürgt, nicht weil die kriterien der unechtheit, die Lachmann aufgestellt hat, auf die von ihm ausgeschiedenen strophen passen, sondern weil sie auf die übrigbleibenden nicht passen, was unmöglich zufällig sein kann. Es ist daher anzunehmen, dass die strophen ursprünglich in gruppen von je 7, heptaden, angeordnet waren, die wol mit dem sinne und fortgange der erzälung in keinem, möglicherweise mit der musikalischen begleitung, so lange diese strophen noch gesungen wurden, in einem allerdings nicht mehr nachweisbaren zusammenhange standen. Die analogie der abschnitte von 30 zeilen in den epen mit kurzen reimpaaren spricht gleichfalls für die annahme der heptaden ($7 \times 4 = 28$ zeilen). Dass von diesen 24 abschnitten acht (die lieder I. III. VIII. XIII. XVI. XVII. XVII b. XVIII.) $7 \times 8 = 56$ und zwei (nämlich XI b und XVIII b) $56 : 2 = 28$ strophen haben, legt die zuerst von Scherer ausgesprochene vermutung nahe, dass die heptaden mit der quaternioneneinteilung in den liederbüchern der fahrenden zusammenhangen, so dass auf jede seite eines doppelquaternio von acht seiten je 7, d. i. $7 \times 8 = 56$, oder auf einen einfachen vierseitigen bogen pergament $4 \times 7 = 28$, oder, wenn er doppelspaltig beschrieben wurde, $2 \times 28 = 56$ strophen kamen.*) Die interpolatoren, schreiber und überarbeiter des Nibelungenliedes beobachteten die heptadenordnung nicht mehr: gerade dieser umstand macht wahrscheinlich, dass dieselbe überflüssig und vergessen

---

*) Gegen die „heptadisten" kehrt sich der ganze, mehr grobe als sichere spott der Bartschischen und Zarnckeschen schulen, die die einfache tatsache läugnen, dass nur durch die anwendung der Lachmannschen kriterien ein authentischer text zu gewinnen ist; wer sich ein unbefangenes urteil bilden will, lese in Zarnckes abdruck (C) s. 262—294, dann aber in Lachmanns ausgabe das XVI. und XVII. lied in der anordnung, die des großen meisters scharfsinn als die richtige und ursprüngliche erkannt.

wurde, seit man die epischen gedichte nicht mehr sang,
sondern sagte. Wenn dessenungeachtet das XX. lied, das
41 heptaden umfasst und gewiss nie gesungen worden ist,
diese anordnung durchführt (es hat auch gerade 7 zusatz-
strophen), so sieht man eben, wie zähe volkstümliche
dichtung an altüberlieferter form festhält (s. o. §. 30,
anm. 1.).

In dieser strophe, die zuerst in den hss. der minne-
sänger als zweite der beiden unter dem namen des Kürnbergers überlieferten weisen begegnet, sind abgefasst das
Nibelungenlied (doch lässt die hs. C. klingenden reim in
der ersten hälfte zu und führen interpolatoren schon in die
älteste sammlung, A, caesurreime ein), und der Alphart
(doch s. s. 108).

Anmerkungen.

1. Der vollständigkeit halber sei hier noch eine besondere feinheit
der Nibelunge nôt erwähnt. Unbetontes e kann bekanntlich
die hebung bilden, wenn die senkung noch schwächer ist: im
letzten halbverse der Nibstr. nun genügen für erste hebung und
senkung zwei unbetonte e nicht (zu 22. 46. 371.), also nicht
zé den, sondern nur zuo den (zu Iw. 5873); auch monosyllaba,
kurz und hochbetont, werden trotz des grundsatzes, dass der
wortschluss position macht und obwol sie sich an andren stellen
finden, an diesem platze, der also den besonderen stellen im
verse (capitel IV) anzureihen wäre, nur ausnahmsweise geduldet,
also schwächlich 264, 4 *den bôt man sumelichen rôs unde
gewant.*

2. Wirkungs- und stimmungsvoll ist das auslassen der senkung in
dieser strophe, oft fast zur onomatopöe sich steigernd: man
beachte die auslassung der senkung zwischen den beiden ersten
hebungen des zweiten halbverses 368, 2 *von stade er schieben
vaste began* (vgl. o. §. 20 e); oder die springende bewegung in
den beiden ersten halbversen 404, 2, 3 *den stein sol er werfen...
den gêr mit mir schiezen;* besonders häufig ist der kretische
schluss der strophe durch fehlen der senkung zwischen der zweiten
und dritten hebung des letzten halbverses, wenn auch nicht so
häufig als ihn Bartsch in folge seiner falschen betonung berechnet;
beispiele aus den letzten 20 strophen des epos:

2296. *ez het der künec Gunther   einen hêrlîchen muot.*
2297. *doch het gewert her Gunther nâch müede löblîchen sich.*
2300. *daz ir mich unde Hagenen   vil swaches grüezen getuot.*

2303. der Kriemhilde râche   wart an in béiden genuoc.¹)
2307. und ist och rehte ergangen   als ich mir hête gedâht.
2309. an dem mir herzen leide   vor allem leidé geschach.²)
2312. iedoch sô wil ich rechen   des küenen Tróngäres tôt.
2315. als ic diu liebe leide   ze aller jüngiste git.

§. 43. Hildebrands- und Rolandston. Schon in der Nibelunge nôt finden sich, besonders im III. liede, sofern sie nicht (wie K. Hofmann zur textkritik s. 84 behauptet) überwiegend auf schreiberversehen beruhen, strophen, in denen die letzte halbzeile nicht verlängert, oder richtiger gesagt, gleichfalls auf drei hebungen verkürzt ist *(a)*. Diese strophenform, anfänglich vielleicht, wie gewiss in dem vielfach verrohten versbaue der jüngeren epen des lombardischen kreises, nur auf nachlässigkeit beruhend, ward später allgemein üblich als sogenannter **Hildebrandston** *(b)*; doch wird dieser name auch häufig angewandt für die Nibelungenstrophe mit durchgereimten caesuren, den **Rolandston** *(c)*: in diesem letzteren tone, in welchem die alte epische strophe zu acht dreimal gehobenen kurzzeilen mit abwechselnd klingendem und stumpfem reime wird 3z, 3a, 3z, 3a, 3ʒ, 3b, 3ʒ, 3b, sind auch die meisten späteren bearbeitungen volkstümlicher stoffe, insbesondere die epen Caspars von der Roen abgefasst.

a)   288, 4. *dâ mit wir hân gewunnen   den zierlichen degen*³)
           314, 4. *des lât iu geben sicherheit   beider hérren hant.*

b)   Rosg. D. 352. '*Bringet mir minen harnasch   und min guotez swert,*
      (Grimm S. 78)   *swaz sie danne suochent   des werdent sie gewert,*
                      und minen helm vil liechten,   *sproch der münch Ilsan,*
                      '*wellen sie den münich twingen,   daz wer ich ob ich kan.*'

c)   Kasp. v. d. R.   *Laurein pflag grosser witze,*
       Laurin 173.   *er sprach: 'ir heren gut,*
      (Gödeke s. 515 *b*)   *ir sult euch nider sitzen,*
                     und habt ein güten mut;
                     es wirt vil pesser schire,
                     das euch die weil nit lanck;
                     und nempt ver gut mit mire,
                     dor umb sag ich euch dank.

¹) cf. 2305.
²) cf. 2306. 23 0. 2311.
³) *den* an dieser stelle nicht zulässig, s. §. 42, anm. 1.

VII. Strophe.

Anmerkung. Hildebrands- und Rolandston sind eigentlich nicht variationen, sondern entartung der epischen strophe, der Rolandston durch den caesurreim, der Hildebrandston durch das aufgeben einer anderen charakteristischen eigentümlichkeit, des verlängerten strophenschlusses. DHB. 3, XXIII heißt es in der einleitung zum Ortnit: „die verkürzung der achten halbzeile ist nicht mehr eine ausnahme von der regel, sondern durch den gebrauch vollkommen legitimiert: die schlusszeile kann nach belieben aus drei oder vier hebungen bestehen und das erstere ist sogar häufiger. Oft ist es zweifelhaft, ob die achte halbzeile mit vier hebungen, oder mit zweisilbigem auftact und drei hebungen zu lesen ist .... die anfänge dieser entwicklung zeigen sich in den jüngsten teilen der Nibelunge nôt, die weitere ausbildung im gemeinen text des Ortnit, im Wolfdietrich D. und in den allein auf uns gekommenen jüngeren bearbeitungen des Rosengartens."

§. 44. **Waltherstrophe.** Eine schöne und alte variation der Nibelungenstrophe erscheint in den dürftigen resten (39 unvollständigen strophen) eines epischen gedichtes von Walther und Hildegunde aus dem anfange des XIII. jahrhunderts (HZ. 2, 216 ffg.). Das maß der strophe ist durchaus beibehalten, außer in der ersten halbzeile des letzten verses, die um zwei hebungen erweitert ist. Vier strophen haben einfachen, ebensoviele doppelten caesurreim.

I. 19.	*Diu küneginne vuorte*	*wol sehzec megedin*	$4w + 3a$	
	die aller schœnisten,	*die der mohten sin*	$4x + 3a$	Form VI.
	und ouch der hæhsten mâge,	*die man dô bî in vant;*	$4y + 3a$	
	dô vuorten ouch des alten küneges helde	*vil harte hêrlich gewant*	$6z + 4a$	

§. 45. **Kudrunstrophe.** Das gedicht von Kudrun ist in einer variation der Nibelungenstrophe gedichtet, die sich von der grundform unterscheidet durch klingenden reim des zweiten paares und verlängerung der schlusszeile auf fünf hebungen. Caesurreim widerstreitet dieser strophe nicht in dem maße wie der strengen Nibelungenstrophe, da dieselbe klingenden reim zulässt; auch zerfällt nur durch caesurreim der ersten hälfte die an sich zweiteilige strophe in drei teile, durch reim in der zweiten hälfte oder durch die ganze strophe wird das wesen derselben nicht angetastet. Freilich, „der charakter der fülle, weichheit und abwechslung", den Martin der strophe vielleicht allzu emphatisch nachrühmt

(s. VI.), geht durch den caesurreim in weichlichkeit über. Der ungenauen reime und der strenge der caesur ist oben gedacht (§. 30 und §. 36); zu bemerken ist aber, dass $5^{1}/_{2}$ percent aller strophen reine Nibelungenstrophen sind (zusätze, unter den ersten 390 deren 59 oder 15 percent, Martin s. VIII, XXI.).

880. *Hetele unde Ludewīc*	die truogen hōch enhant	$4w+3a$
ir vil scharfiu wâfen.	ir ietweder rant	$4x+3a$
mit krefteu an dem andern	rehte wér er wære.	$4y+3\dot{3}$
Ludewīc sluoc dō Heteléu.	des wurden dō hérzeléidiu mǽre.	$4z+5\dot{3}$

(Form VII.)

Anmerkung. Neuestens hat Strobl (über die entstehung der Kudrunstrophe, ztschr. f. d. österr. gymn. 27, 881—886) die ableitung dieser strophe aus der Nibelungenstrophe geläugnet. Aus der grundform I. habe sich, sowie als grundform vieler lyrischen maße durch verdoppelung des ersten verspaares eine sechszeilige *(a a bb; cc)*, eine andre form gebildet mit klingendem schlusse und verlängerung des letzten verses (II*); dann sei dem letzten (III*), hierauf allen versen (IV*) eine waise vorgeschoben und endlich auch die beiden ersten langverse um eine hebung verkürzt worden, so dass sich als V* form die Kudrunstrophe ergäbe. Diese ableitung ist aber nicht unbedenklich, denn wenn sich auch form II* zur not ererklären lässt (s. §. 47 die stelle aus der vorr. zum Wolfram), so ist doch der übergang von IV* zu V* völlig unerklärt: um die verkürzung der beiden ersten zeilen hier zu motivieren, müsste immer einfluss der Nibelungenweise angenommen werden; dann ist aber die bisherige ableitung weit einfacher und völlig ausreichend. (Ob man zwischenstufen belegen kann oder nicht, ist bei der fülle und willkürlichkeit der lyrischen variationen und dem völligen verluste aller epischen volksgesänge ziemlich irrelevant.) — Dagegen hat für die im §. 46 besprochene strophe allerdings die ableitung aus Strobls II. grundform viel ansprechendes. Strobls grundformen sind:

II.*	III.*	IV.*	V.* Kudrunstrophe.
$4a$	$4a$	$4w+4a$	
$4a$	$4a$	$4x+4a$	
$3\dot{3}$	$3\dot{3}$	$4y+3\dot{3}$	
$5\dot{3}$	$4x+5\dot{3}$	$4z+5\dot{3}$	

§. 46. **Rabenschlachtstrophe.** Das gedicht von der Rabenschlacht ist in einer sechszeiligen strophe gedichtet, die, wie sie vorliegt, gleich ist der zweiten hälfte der Nibelungen-, mehr der letzten zeile der Kudrunstrophe mit den reimen $xbzb\dot{\gamma}\dot{\gamma}$ oder $abab\dot{\gamma}\dot{\gamma}$, je nachdem die erste und dritte zeile drei hebungen mit klingendem oder vier mit stumpfem schlusse hat; die zweite zeile hat drei, die vierte vier hebungen mit stumpfem schlusse; die fünfte ist dreimal, die sechste fünfmal gehoben mit klingendem ausgang. Da es wenig wahrscheinlich ist, dass ein dichter seine strophe aus zwei strophenschlüssen zusammenschweißte, die ableitung aus der ersten hälfte der Nibelungenstrophe aber die ungleiche länge der zweiten und letzten zeile unerklärt lässt, dürfte hier Strobls ableitung aus der grundform II* nicht unbedingt abzulehnen sein. Er nimmt folgende phasen an: vorschiebung einer waise vor den ersten und zweiten vers (III**), verkürzung der ersten zeile (IV**), die freilich ebenfalls wieder wie bei der älteren ableitung unerklärt bleibt, einführung des caesurreimes (V** = Rabenschlachtstrophe), also

$$\text{III.}^{**}\ 4x+4a \quad \text{IV.}^{**}\ 4x+3a \quad \text{V.}^{**}\ 4c(3\alpha)+3a$$
$$\phantom{\text{III.}^{**}\ }4y+4a \quad \phantom{\text{IV.}^{**}\ }4y+4a \quad \phantom{\text{V.}^{**}\ }4c(3\alpha)+4a$$
$$\phantom{\text{III.}^{**}\ }3\beta 3\beta 3\beta$$
$$\phantom{\text{III.}^{**}\ }5\beta 5\beta 5\beta = \text{Rabenschlachtstrophe}$$

121. *Rehte alsam ein rôse* $3x$
  bran alle zît ir munt. $4a$
  diu süezen wort lôse $3x$
  kund si sprechen zaller stunt. $4a$
  uns saget dick daz mære: 3β
  süeziu wort benement grôze swære. 5β

§. 47. **Titurelstrophe.** Die strophe, in der das werk eines höfischen dichters abgefasst ist, muß hier unter denen der volkstümlichen epik aufgeführt werden, weil sie, eine zweiteilige gleich allen bisher abgehandelten, zu dieser gruppe gehört, gemeiniglich sogar auf die Kudrunstrophe zurückgeführt wird. Die beiden epischen lieder Wolframs, die unter dem namen des (älteren) Titurel citiert werden, sind gedichtet in einer vierzeiligen paarweise gereimten strophe, die aus dem strophenschlusse und dem schlußverse der Kudrun besteht, welch letzterem aber seine zweite hälfte noch einmal vorgeschoben ist, also $4x(3\chi)+3x$, $4y(3\psi)+5x$, 5β, $4z(3\omega)+5\beta$. Der klingende reim ist also zu ausschließlicher herrschaft durchgedrungen. Strobl a. a. o.

ist der ansicht, dass der durchaus klingende reim nicht
gestatte, die tonlos endende caesur als stumpf aufzufassen;
aber stumpfe viermal gehobene caesur ist nicht selten und
auch in der Kudrun dürfen wir trotz des klingenden strophenschlusses die caesur nicht anders auffassen als in den
Nibelungen: es wird daher auch für diese auf der volkstümlichen strophe beruhende form die gleiche regel zu gelten
haben. Allerdings ist zu berücksichtigen, dass die feinheit
jener beiden epen, in vierter hebung an der caesurstelle
nicht kurze stammsilbe mit folgendem stummen *e* zu benützen,
von Wolfram nicht beobachtet wird (40, 4. *erspehent.* 57, 4.
bis 149, 2. *mayet*, 58, 2. *erkoren*, 65, 1. *vernomen*, 70, 2. *lebet*,
72, 4. 128, 2.—147, 1. *erboren*, 76, 2.—166, 2. *geleben*, —
134, 2. *trage*, 144, 2. *name*, 157, 2. *ane*, 165, 4. *nemen*. 167, 2.
erholen, 169, 2. *lebe*; correct 152, 4. *Ehewnarer*, 170, 4. *sicher-
boten*). Doch ist hier Lachmann selbst zu hören, der vorr.
s. XXVIII. sagt: „unter der besonderen bestimmung, dass
die vier langzeilen klingend gereimt sind, enthalten vier
von den sieben teilen der strophe den gewönlichen vers von
vier hebungen bei stumpfer oder von drei hebungen und
einer klingenden endsilbe.*) Die drei anderen bestehen aus
der zeile von fünf hebungen, die besonders mit einer klingenden schlusssilbe im XII. jhdt. sehr häufig gebraucht
ward, um abschnitte zu beschließen, am häufigsten wol in
Crescentia, dem regelmäßigsten der in die sogenannte Kaiser-
chronik aufgenommenen gedichte. Die bei Eschenbach häufige
erhöhung der zweiten und zuweilen (nach art der italienischen
cesura siciliana) der vierten senkung (s. die schlußzeilen in
unserem beispiele), ferner zweisilbiger auftact und zwischen
zwei hebungen fehlende senkung, diese und ähnliche der
eigentlichen liederpoesie**) weniger eigene freiheiten ziemen einer strophe, die wol gewiss nicht für den

---

*) Lachmann schrieb dies im jahre 1833.

**) Wer L.'s stil kennt, wird einsehen, dass er hier schon die neuer-
dings glücklich vertretene ansicht, dass die „Titurel"-stücke keine fragmente,
sondern epische (freilich nicht mehr für den gesang bestimmte) lieder seien,
zuerst ausgesprochen hat.

gesang bestimmt war. Allein ich gestehe, es ist mir nicht
immer gelungen, den versbau nach seiner regel wieder her-
zustellen." Diese 14 caesuren (zusammen 2 percent) sind
demnach sammt und sonders verdächtig. — Strobl sieht
weiter einen wesentlichen unterschied von der Kudrunstrophe
in dem fehlen der waise vor dem dritten verse und macht
auf die analogie der Rabenschlachtstrophe aufmerksam, die
gleichfalls die zweite hälfte einer anderen form als strophenbeginn benütze; er nimmt einfluss beider strophen, der
Kudrun wie 'der Rabenschlacht, auf Wolframs erfindung
an (selbstverständlich dann die strophe der Rabenschlacht
für älter erklärend als das uns erhaltene gedicht). Mir
scheint die Kudrunstrophe die alleinige grundlage der Titurelstrophe zu sein, bei der dann wieder das princip eintritt,
wie in unserer grundform IV, den strophenschluss durch
einschnürung, d. i. kräftige verkürzung der vorletzten zeile,
hier bis zum völligen ausfall der waise, zu markieren.

26. *In den selben ziten*   *was Kastis erstorben.* $4x +3\alpha$
    der het ouch Herzelöuden   *ze Muntsalvâtsch, die clâren, erworben.* $4y +5\alpha$
    Kanvoleiz gap er der frouwen schöne, 5β
    und Kingrivâls zin beiden   *truoc sin houbt vor fürsten die krône.* $4z +5\beta$

27. *Kastis Herzelöuden*   *nie gewan ze wibe,*
    diu an Gahmurets arme   *lac mit ir magtuomlichem libe:*
    doch wart si dâ frouwe zweiger lande,
    des süezen Frimutelles kint, die man von Muntsalvâtsche dar sande.

(Form VIII.)

§. 48. **Jüngerer Titurel.** Der spätere bearbeiter
des Titurel, jener Albrecht (von Scharfenberg), der Wolframs
lieder, die schon er für fragmente hielt, in sein werk auf-
nahm, hat diese strophe durch einführung klingenden caesurreimes zu einer siebenzeiligen, dreiteiligen gemacht; das
schema ist dann 3γ, $3z$, 3γ, $5z$, 5β, 5φ, 5β; denn hier
darf allerdings die erhaltene waise nicht mehr als eine
stumpf schließende angesehen werden. Gödeke (s. 760)
nennt das gedicht mit recht „eine raritätenkammer un-
geheuerlicher reime". Die strophe wurde ihrerzeit jedoch
sehr bewundert; noch zwei jahrhunderte später verwandte
sie Fürterer in seinem tafelrundencyclus.

VII. Strophe.

37. (Lachm. Berl Ak. 1835.)
    Got machet bruke herte   3 ⸗
    ûz wazzer dem vil weichen,   3 a
    und strâz der way uverte.   3 ⸗
    sîn kraft diu kan für al'e krefte reichen.   5 a
    er machet ouch ûz dem wazzer liecht cristallen,   5 β
    dar inne ein viur sich funket,   3 ⸗
    und muoz durch ander tugende wol gevallen.   5 β

(Form IX.)

Anmerkung. Aus dem kreise der graldichtungen ist noch ein strophisches epos zu verzeichnen, der Lohengrin; die zehnzeilige strophe desselben, eine der beiden, aus welchen auch das gedicht vom Wartburgkriege besteht, ist eine dreiteilige, wie sie sonst in der lyrik üblich sind, und in der auch, wie in einem lyrischen gedichte, die senkung nie fehlt (Germ. 3, 249). Manche, so Grein-Vilmar §. 136 rechnen die strophe der volkstümlichen epik auch zu den dreiteiligen; da beim Hildebrandston und der Rabenschlachtstrophe damit absolut nicht auszukommen ist, werden diese als „einfache" strophen vorangestellt: ihre entstehung aber nicht erklärt. Die Rabenschlachtstrophe ist aber ganz gewiss eine variation, wie der Hildebrandston eine entartungsform der strophe des volksepos. Ich gebe aus dem Lohengrin berichtigt dieselbe strophe, wie Gr.-V. §. 151, damit man deutlich eine dreiteilige, wie auch die im jüngeren Titurel aufgefasst werden muss, von den oben entwickelten zweiteiligen formen unterscheiden lerne. („Schwarzer ton":)

59. *Lohengrin quam ouch aldar*   4 a
    mit hôher junger vürsten vil an sîner schar,   6 a
    er trat niht für die massenîe al' eine.   5 β
    Dô in sîn swester ane sach,   4 c
    daz wazzer von ir herzen zuo ir ougen brach: 6 c
    hoert ob diu magt iht jæmerlîchen weine.   5 β
    Der künec und al die vürsten vrâgeten, waz der edelen wære!   7 δ
    si sprach: 'mîrst herzeleit geschehen,   4 e
    sol ich dich, lieber bruoder, nimmer mê gesehen: 6 e
    du bist der kempfe, uns sagt der grâl die mære'.   5 δ

(1. Stollen / 2. Stollen: Aufgesang; Abgesang)

§. 49. Bernerton. Zu hoher berühmtheit gelangte eine strophenform, deren wir schließlich gedenken, da in ihr einige volkstümliche gedichte abgefasst sind, ohne dass sie direct auf die einfachen grundformen zurückgeführt werden könnte. Ihr erfinder ist wol Albrecht von Kemenâten (?); wenigstens taucht sie zuerst in ihm zugeschriebenen gedichten auf; wurde aber noch einigemale angewandt (jüngerer Herzog Ernst, Bartsch, s. LXXIV.; Meerwunder) und erhielt späterhin, da sie aus Amelungenepen bekannt war, den namen des Bernertones. Derselbe ist in zwei wenig abweichenden variationen, der im Eckenliede (Sigenot) und der im Virginal (Goldemar), überliefert. Die strophe ist dreiteilig, hat dreizehn zeilen von drei bis vier hebungen. Der aufgesang besteht aus zwei viermal gehobenen stumpfen reimpaaren, deren zweites von einem dreimal gehobenen klingenden umschlungen ist: aa, βcc und β; der abgesang ist siebenzeilig: ein doppelpaar gekreuzter reime, das erste stumpf, das zweite klingend $d\varepsilon d\varepsilon$, an welches sich ein stumpfes reimpaar anreiht, dessen letzter vers in der einen form (Eckenlied) um eine hebung verkürzt ist (in der andern form unverkürzt), und dem eine in der ersten form klingende, in der zweiten stumpfe waise vorgeschoben ist. Beide formen unterscheiden sich also nur in der letzten langzeile, die im Eckenliede nach dem schema $3\varphi + 3n$, in Virginal nach dem schema $4x + 4n$, gestaltet ist. Die strophe besteht somit im ganzen aus einem reimpaar, einem doppelpaar umschlungener, einem doppelpaar gekreuzter reime und einem reimpaar mit einer waise, zusammen dreizehn versen nach dem schema: I. $4a\,4a\,3\beta$, $4c\,4c\,3\beta$; $4d\,3\varepsilon\,4d\,3\varepsilon\,4f\,3\varphi\,3f$; II. $4a\,4a\,3\beta$, $4c\,4c\,3\beta$; $4d\,3\varepsilon\,4d\,3\varepsilon\,4f\,4x\,4f$.

I.

Ecke 2.	*Ez sâzen helde in eime sal,*	$4a$
	si retten wunder âne zal	$4a$
	von ûz erwelten recken,	3β —
	der eine was sich her Vâsolt,	$4c$
5	*dem wâren schœne frouwen holt;*	$4c$
	daz ander was her Ecke,	3β —
	daz dritte der wilt Ebenrôt.	$4d$
	sî retten al gelîche,	3ε
	daz niemen küener war ze nôt	$4d$
10	*den von	Berne er Dieteriche:*	3ε
	der war ein helt übr alliu lant,	$4f$
	sô war mit listen küene	3φ
	der alte Hiltebrant.	$3f$

II.

Virg. 245. Er sprach: 'vil lieber hêrre mîn,   4 a
            solt ich dan lange bî iu sîn,   4 a
            des ahte ich harte kleine: 3 ʒ —
            diu mich ze boten hât erlesen,   4 c
            von der bin ich ze lange gewesen: 4 c
            ich vürhte daz sî weine,   3 ʒ —
            diu ûzerwelte scheene maget   4 d
            und ouch ir ingesinde.   3 ʒ
            ich denke daz si sî verzaget,   4 d
            daz ich iuch niht enwinde,   3 ʒ
            oder | daz ir beide sint erslagen.   4 f
            iedoch daz ich gelobet hân,   4 x
            daz wolde ich iu ungerne versagen.'   4 f

Zusatz. Erwähnung mag noch finden, weil in einem guten werke der classischen zeit zur anwendung gelangt, die strophe im Winsbeken und der Winsbekin, eine ursprünglich achtzeilige strophe (ein doppelpaar gekreuzter reime, deren schluss als reimpaar wiederholt und an den noch ein reimpaar gefügt wird, also *a b a b, b b, c c)*, die durch vorschub einer waise vor den sechsten und achten vers zehnzeilig wird: durchaus stumpfer schluss bei vier hebungen, also *a b a b, b x b, c y c;* das charakteristische der übrigens mit großer gewandtheit behandelten strophe ist die viermalige wiederholung desselben reimes und der durchaus stumpfe schluss.

28. Suu, hôchgeburt ist an dem man   a
    und an dem wibe gar verlorn   b
    dâ wir niht tugende kiesen an,   a
    als in den Rîn geworfen korn.   b
    der tugent hât derst wolgeborn   b
    und éret sîn geslehte wol.   x
    ich hân ze friunde mir erkorn   b
    den nidern mâc der êre gert   c
    für einen hôhen sunder tugent   y
    der hiure ist boeser danne vert.   c

8*

VIII. Leich.*)

§. 50. Der leich. Der leich ist ein umfangreicheres gedicht, aus einem gefüge ungleichartiger strophen, die in einander übergehen können, zusammengesetzt; er ist ursprünglich eine tanzweise; der text aber ist gewönlich geistlichen inhaltes. Die verschiedenartigsten strophensysteme, reimhäufungen und reimverschränkungen gelangen im leiche zu kunstvollster anwendung. Die leiche sind meist zweiteilig, jedoch finden sich auch und gerade unter den berühmtesten dreiteilige; charakteristisches merkmal aber ist stets ein absichtliches abweichen von der symmetrie, die sonst in der lyrik üblich ist.

In eigentümlicher weise hat Ulrich von Lichtenstein in seinem leiche (vgl. hierüber Schneider d. versk. s. 206) symmetrie und disharmonie zu paaren und die beiden hauptformen der lyrik, zweiteiligen und dreiteiligen bau, zu verwerten gewusst: sein leich stellt eine große strophe dar, bestehend aus zwei ganz gleichen stollen und einem abgesang; die stollen sind zweiteilig zu 17 und 16 zeilen, indem jeder aus sechs absätzen von 4, 8, 5; 6, 4, 6 zeilen zusammengesetzt ist; der abgesang zält gleichfalls sechs kleinere absätze, die aber ungerade zeilenzal haben.

Ebenso kann der leich Walthers (W. 3, 1—8, 3), der 187 verse umfasst (wobei ich 4, 2—12 für sechs langverse zäle, nicht sowol, weil sonst keine waisen vorkommen, als wegen der sodann sich ergebenden symmetrie, die nicht ganz genau, wol aber, man sehe oben die 17 + 16 verse Lichtensteins, der übung im leiche entsprechend ist), dreiteilig aufgefasst werden: ein stollen von neun strophen zu 67, ein stollen von zehn strophen zu 68 zeilen, ein abgesang von 52 zeilen in neun strophen.

*) Das wesentliche über den leich wird hier gesagt, weil der anfänger desselben unter umständen bedarf und es nirgends findet außer wieder in einer metrik, obwol es des vfs. ansicht nach, ebenso wie die erörterung des unterschiedes zwischen spruch und lied u. ä., nicht in die metrik, sondern in eine poëtik gehört.

VIII. Leich.

Dreiteilig scheint mir auch der leich Heinrichs von Rugge (1190), der hier als beispiel der gattung folgt: zwei stollen von je 40 zeilen in je vier ungleichen (I. 16 + 8 + 10 + 6, II. 14 + 8 + 8 + 10), also zusammen acht strophen, folgt ein abgesang von sieben strophen, zusammen 55 zeilen (III. 8 + 7 + 5 + 9 + 10 + 8 + 8); zu beachten ist die kunstvolle reimverschränkung in diesem schön gebauten leiche. Von den strophen entsprechen sich 1 und 5, 2 und 6, 3 + 4 und 7 + 8 (nämlich in umgekehrter folge 3 und 8, 4 und 7); die 9, 14, und 15.

MSF. (96, 1—99, 28.) I.

1. Ein tumber man iu hât   a
gegeben disen wîsen rât,   a
dur daz man in ze guote schol verstân.   b
ir wîsen merkent in: c
5 daz wirt iu ein vil grôz gewin.   c
swer in verstât,   a
so ist mîn rât   a
noch wiser denne ich selbe bin.   c
Mîn tumbes mannes munt   d
10 der tuot iu allen gerne kunt   d
wiez umbe gotes wunder ist getân: b
derst mêre danne vil   e
swer ime nieht gerne dienen wil,   e
der ist verlorn;   f
15 wan sîn zorn   f
vil harte ergân muoz über in.   c

2. Nu hœrent wises mannes wort   g ≙ 6.
von tumbes mannes munde: ?
ez wurde ein langer wernder hort,   g
20 swer gote nu dienen kunde.   ?
Daz wære guot und ouch mîn rât,   h
daz wizzent algeliche.   i
vil maneger drumbe enphangen hât   h
daz frône himelrîche.   i

25	3. *Als müezen wir.*	*i* ∾ 8.
	jâ teil ich mir	*i*
	die selben sælekeit:	*k*
	ob ich gedienen kan dar nâch,	*l*
	din gnâde ist mir gereit	*k*
30	*Ob ich verbir*	*i*
	die blœden gir	*i*
	die noch mîn herze treit.	*k*
	sô wirt mir hin ze den fröweden gâch,	*l*
	dâ von man wunder seit.	*k*
35	4. *Nu sint uns starkiu mære komen:*	*m* ∾ 7.
	diu habent ir alle wol vernomen.	*m*
	nu wünschent algeliche	*v*
	heiles umbe den rîchen got;	*o*
	wand er revulte sîn gebot	*o*
40	*an keiser Friderîche:*	*v*

II.

	5. *Daz wir geniezen müezen sîn,*	*a*
	des er gedienet hat	*b*
	und ander manec bilgerîn,	*a*
	der dinc vil schône stât.	*b*
45	*der sêle diust vor gote schîn,*	*a*
	der niemer si verlât:	*b*
	der selbe sedel ist uns allen veile.	*γ*
	Swer in nu koufet an der zît,	*d*
	daz ist ein sælekeit,	*e*
50	*sît got sô süezen market gît.*	*d*
	jâ vinden wir gereit	*e*
	lediclîchen âne strît	*d*
	grôz liep ân allez leit.	*e*
	nu werbent nâch dem wünneclîchen heile.	*γ*
55	6. *Nu hœret man der liute vil*	*f* ∾ 2.
	ir friunde sêre klagen.	*g*
	zewâre ich iu dar umbe wil	*f*
	ein ander mære sagen.	*g*

VIII. Leich.

```
    Minen rât ich nieman hil:              f
60  jâ sun wir nicht verzagen.             g
    unser leit daz ist ir spil:            f
    wir mugen wol stille dagen.            g
      7. Swer si weinet, derst ein kint.   h ∾ 4.¹⁾
    daz wir niet sîn dâ si dâ sint,        h
65  daz ist ein schade                     x
      den wir michels gerner möhten weinen. z
    Diz kurze leben daz ist ein wint:      h
    wir sin mit sehenden ougen blint,      h
    daz wir nu got                         y
70    von herzen niet mit rehten triwen meinen. z
      8. Ir dine nâch grôzen êren stât,    l ∾ 3.
    ir swlec sêle enphangen hât            l
    sunder strit                           m
    und âne nit                            m
75  die lichten himelkrône.                v
    Wie swleclichenz deme ergât            l
    den er den stuol besitzen lât          l
    und ime dâ git                         m
    nu zaller zit                          m
80  nâch wünneclichem lône.                v
```

III.

```
      9. Der tiufel huob den selben spot:  a ≃ 14.15.
    enslâfen was der rîche got,            a
    dur daz wir brâchen sin gebot:         a
    in hât sin gnâde erwecket.             ?
85  Wir wâren lâzen under wegen:           c
    nu wil er unser selbe flegen.          c
    er hât vil manegen stolzen degen:      c
    die bœsen sind erschrecket.            ?
```

¹) Nur vermehrt um die waisen.

VIII. Leich.

10. Swer nu daz kriuze nimet,	d
90 wie wol daz helden zimet!	d
daz kumet von mannes muote.	z
got der guote	z
in siner huote	z
si zallen zîten hât,	f
95 der niemer si verlât.	f
11. Sô sprichet lihte ein bœser man,	g
der mannes herze nie gewan,	g
'wir sun hie heime vil sanfte beliben,	γ
die zît wol vertriben	γ
100 vil schône mit wîben.'	γ
12. Sô sprichet diu der er dâ gert	h
'gespile er ist niht bastes wert:	h
waz schol er dan ze friunde mir?	i
vil gerne ich in verbir.'	i
105 'trût gespil, daz rât ich dir,'	i
fin daz er ie wart geborn!	k
nû hât er beidinthalb ferlorn,	k
wande er vorhte, daz got im gebôt.	l
durch in ze lîden die nôt und den tôt.	l
110 13. Gehabent iuch, stolze helde, wol.	m
erst sælec, der dâ sterben sol	m
dâ got erstarp,	n
dô er warp	n
daz heil der kristenheite.	π
115 Diu helle diust ein bitter hol,	m
daz himelrich genâden vol.	m
nu volgent mir:	q
sô werbent ir	q
daz man iuch dar verleite.	π
120 14. Vil maneger nâch der werlde strebet	r 9. 15.
dem si mit bœsem ende gebet,	r
und nieman weiz wie lange er lebet:	r
daz ist ein michel nôt.	s

  Ich râte iu dar ich selbe bin.   *t*
125 *nu nement daz krinze und varent dâ hin,*   *t*
  (daz wirt iu ein vil grôz gewin)   *t*
  und fürhtent nicht den tôt.   *s*

  15. *Der tumbe man von Rugge hât*   *u* ≥ 9. 14.
  gegeben disen wisen rât.   *u ·*
130 *ist ieman der in nu verstât*   *u*
  ieht anders wan in guot,   *r*
  Den riwet, sô der schade ergât,   *u*
  daz ime der grôzen missetât   *u*
  niemun necheinen wandel hât: *ü*
135 *ze spâte ist ers behuot.*   *r*

Angezogene stellen aus litterarischen hilfsmitteln. *)

(Ein stern * bedeutet, dass die betreffende stelle in diesem buche angefochten wird.)

Amelung, Grundzüge der mhden. metrik, * S. 6. Verschleifung, §. 19, anm. 2. — S. 6. Ausfall der senkung, §. 22, anm.

Bartsch, Untersuchungen über das Nibl. * S. 130 bestreitet Lachmanns regeln vom versschluss. § 27. — * S. 138 liebé mit léide. §. 18, anm. 2.

Grimm W., Geschichte des reimes, §§. 29—35.

Heldenbuch, Deutsches (Berlin, 1866 f.), 3, XXIII. Entartungen der Nibelungenstrophe, §. 43, anm.

Hofmann K., Zur textkritik der Nibelunge, S. 84. Entartung der strophe im III. liede, §. 43.

Lachmann, Kleinere schriften, I. S. 237 Caesur §. 36, e. — S. 332. Dactylische verse §. 8, anm. — S. 333 fg. Ausnahmen von der betonungsscala § 6 r).

Martin, Grammatik. §. 28 Bezeichnung der elision.

Scherer, Deutsche studien. I. Poëtische formengesetze des spruches, abschnitte von 30. §. 39.

Schneider, System der deutschen verskunst. S. 160. Stumpfe und klingende caesur §. 36, anm — S. 206 Leich Ulrichs von Lichtenstein §. 50.

Vilmar (Grein). Deutsche verskunst. §. 66. * Tonwert des stummen e §. 5, anm. 3 — §. 69. Anrede her und vrou in der senkung §. 18, anm. 1. — * §. 88. Inclination mache stets stumpfen reim §. 32. — * §. 136. Dreiteiligkeit der epischen strophe, §. 48, anm. 1.

Wackernagel, Geschichte der deutschen litteratur,* §. 48, 10. §. 63. Entstehung der Nibelungenstrophe §. 42 anm. 3.

Zarncke, Nibelungenlied, 5. aufl.,* S. CVI. liebé mit léide? §. 18, anm. 2. — * S. CVIII. Betonung der tonlosen vorsilben, §. 2, anm. 3. — S. CXII. Lachmanns regeln vom versschluss „mit einiger reserve". §. 26, anm. — S. CXIV. Letzte senkung, §. 28.

Anmerkungen zu

Armer Heinrich (Haupt-Martin), S. XIX f. Abschnitte von 30, § 39.

Engelhart. 38. Inclination, §. 12. — 43. Versschluss, §. 27. — 49. Gebrochener reim, §. 35, II, 5. — 191. Abwerfung des -iu, §. 13. —

---

*) Zugleich — jedoch ohne allen anspruch auf vollständigkeit, zumal die betreffenden werke selbst register haben — als index für die metrischen anmerkungen zum Engelhard, Erec, Flore, Iwein, Nib. und Klage.

209. Synkope, §. 13. — 275. Synaloephe im auftact, §. 11, anm. 1; §. 24. — 366. (S. 222—228) Ausfüllen der senkung, §. 20, anm. 1. — 420. Reim *m : n*, §. 30, anm. 2. — 430. Inclination, §. 12. — 441. Apokope, § 13. — 444. Synkope, §. 13. — 545. Versschluss, §. 28. — 716. Hiatus, §. 11. — 809. Versschluss, §. 27. — 1611. Reim *e : ë*, §. 30, b) — 2647. Dreisilbige mit langer stammsilbe, §. 6, *A* a); 6, *Br*). — 3056. *beidiu* u. ä. im auftact, §. 25. — 3880. Inclination im reime, §. 12. 32.

E r e c 38. Kürzungen, §. 14. — 1036. Schwebende betonung, §. 3; kürzungen, §. 14. — 1611. Reim *e : ë*, §. 30*b*). — 1966. *ein* für *einen*, §. 13. — 1969. Synkope, §. 13. — 2109. Apokope, §. 13. — 7703. Apokope und Synkope, §. 13.

F l ô r e. 3. Rührender reim, §. 31. — 11. Auftact, §. 25. — 15. *-lich* im reime, §. 30, anm. 3. — 24 Kürzungen, § 13, *yz)* 3. — 42. Synkope, §. 13. — 49. Inclination, §. 12. — 112. Synkope, §. 13. — 146. Inclination, §. 12. 32. — 152. Ausfall der senkung, §. 20, anm. 1, §. 21. — monosyllaba, § 21. — 157. Ungenauer reim, §. 30*b*). — 181. Kürzungen, §. 13, *yz)* 3. — 189. *-iu* im reime, § 30, anm. 3. — 239. Auftact, §. 24. *)* — 603. Überklingender reim, §. 32 *C*, §. 33 γ, anm. — 812. Inclination, §. 12. 32 — 1121. Suchende silben, §. 33. anm.

F r i d a n c 165, 16. Versschluss, §. 27.

I w e i n. 33. Dreisilbige mit langer stammsilbe, §. 6, *A a)*. — 105. *ein* für *einer*, u. ä., §. 13. — 137. Fremdwörter im verse, § 21. — 504. Krasis, §. 12. — 586. Kürzungen, §. 14 — 617. Dreisilbiger reim, §. 32, III., anm. — 651. Verschleifung, §. 10. — 786 Synkope, §. 13. — 866. Synaeresis und apokope, §. 14. — 881. Synkope, §. 13. — 1026. Synkope, §. 13. — 1118. Cretischer auftact, §. 25. — 1159 Verschleifung, §. 10, im versschluss, §. 10, *e)*, §. 27, §. 28, anm. — 1267. Inclination, §. 12. — 1391. Viersilbige wörter, §. 6, *Bv)*. — 1994. Hebung *e*, senkung *-en*, §. 19. — 2112. Inclination, §. 12, im reime, §. 32. — 2754. Versschluss §. 27. — 2798. Zwei verschleifte *e* in der senkung, § 19. — 3145 Grammatischer reim, §. 34. — 3752. Viersilbige wörter, §. 6, *Bv)*; schwerer auftact (Beneke und Lachm.), §. 24 — 3870. Viersilbige wörter im verse, §. 6, *Bv)*. — 4093. Versschluss vor vocalischem anlaut, §. 28. — 4365 Versschluss: zulässige kürzungen, §. 27. — 4415. Kürzungen, §. 14. — 4851. Wortschluss macht position, §. 21. — 5429. Inclination, §. 12, im reime, §. 32. — 5441. Senkung nach tonlosem *e*, §. 19, anm. 1. — 5873. Hebung *e*, senkung *-en*, §. 19. — 6007. Abfall des *-iu*, § 13 — 6317. Hiatus, §. 11. — 6405. 6406. *-lich* im reime, §. 30, anm 4. — 6432. Fremdwörter nach kurzer stammsilbe, §. 6, *A u)*, anm. — 6444. Dreisilbige mit kurzer stammsilbe, §. 6, *A* β), §. 21. — 6514. 6575. Hebung *e*, senkung *-en*, § 19. — 6814. Synkope, §. 13. — 7438. Verkürzung im reime, §. 11; §. 28; §. 31; erweiterter reim, § 33, *d* β). — 7563. Monosyllaba für hebung und senkung, §. 21 — 7764. Hiatus, §. 11; synaeresis, elision in letzter senkung, §. 23; kürzungen, synaloephe. §. 14. — 8121. *-lich* im reime. §. 30, anm. 4.

Klage. 27. *e* vor liquida unterdrückt, §. 13, *y z)* 1. — 190. Rührender reim durch schreiber getilgt, §. 31. — 1355. Hebung *è*, senkung *-en*, §. 19.

Krone. S. XII Überladung des ersten fußes, §. 25, anm. 1.

Kûdrûn (Martin). S. VIII. Entwicklung des reimes in der volksepik, §. 32, III anm — S. X. Caesurreim, ebda., §. 38. — S. XII. Caesur, §. 24, 36, anm. — S. XVII Inclination §. 14.

MSF. 154, 21. Synaloephe im auftact, §. 25, anm. 2 — 191, 14. Strophenbeginn, §. 35. — 193, 8. Versschluss, §. 28.

Nibelunge nôt. 22. 46. Monosyllaba für hebung und senkung, §. 21. — 70. Unhöfischer rührender reim. §. 31. — 95. Apokope im reime, §. 13. — 118. Unbetonte caesur, §. 36. — 157. *-iu* im reime, §. 30, anm. 4. — 169. Synkope, §. 13. — 255. s. 157 — 305. Hebung *è*, senkung *-en*, §. 19. — 319. Elision auf der caesur, §. 11, anm. 1. — 371. Monosyllaba für hebung und senkung, §. 21. — 557. Fremdwörter, §. 21. — 599. Versschluss, §. 27. — 934. Kürzungen im versschlusse, §. 27. — 1070. Krasis, §. 12. — 1191. Ungenauer reim, §. 30, anm. 2. — — 1193. Hebung *è*, senkung *-en*, §. 19. — 1362. Apokope. §. 13. — 1916. Touloses *e* im reime, §. 30, anm. 3 — 1957, s. 1362. — 2091. *-iu* im reime, §. 30, 2.; erweiterter reim, §. 33, *d z*).

Nithart S 155. Elision am schlusse des verses, §. 11, anm. 2. — S. 217. Meidet zweideutige reime. §. 32. III., anm — Zu 49, 13. Auftact, § 25, anm. 2.

Otte (Hahn), S. 18 Auftact, §. 25.

Rôther, S. LXXXIII. Grammatische freiheit durch unterdrückung einer liquida, §. 10, anm. 3.

Walther (Lachmann). 18, 6. Braucht *hêrre* nicht im reime, §. 32, III., anm. — 30, 11. Rührender reim durch schreiber getilgt, §. 31. — 98, 40. Keine zweideutigen reime, §. 32, III., anm.; binnenreim, §. 35, I., 2. — 110, 33. Versschluss, §. 28. — 111, 32. Körner, §. 35, III., 7.

„ (Pfeiffer) S. XLIV. Betonung der vorsilben, §. 2. — LVI. Ungenaue reime, §. 30. — S 177. Spruch, §. 39.

„ (Wilmanns.) S. 39. Auftact, §. 24. — S. 49. Hiatus, § 11. — S. 59. Reim *-lich*, § 30, anm. 4.

Wolfram S. XIV, Reimpaare, §. 34. — S. XXVIII. Titurelstrophe, §. 47.

Zeitschriften.

Germania. 2, 257—298. Bartsch, strophenbau in der deutschen lyrik. §. 40. — * 3, 59—60. Pfeiffers polemik gegen Lachmanns gesetz von der senkung nach tonlosem *è* §. 19; gegen die regeln für den versschluss, §. 26; über betonung der vorsilben, §. 2; ungenauer reim, §. 30. — 3, 249. Ausfall der senkung, § 48, anm. — 3, 502. Unorganische

verlängerung der stammsilbe im reime, §. 5, anm. 3. — 4, 127. Unorganische verlängerung der stammsilbe in der caesur, §. 36. — * 11, 445. Betonung der tonlosen vorsilben, §. 2, anm. 3.
Für deutsch. altt. 2, 371. Konrads versbau, §. 14. — 3, 164. Monosyllaba für hebung und senkung, §. 21. — 6, 69. Neidharts reihen, §. 39. — 17, 568. Lachmanns gesetz der versmessung, §. 18, anm. 2. — 69, 569. Entwicklung der epischen strophe, §. 41. — 22, 175. Ungenauer reim. — Anzeiger. 1, 262. Zeilenlänge, §. 41; 263 Poëtische formen, §. 39. — 7, 299. Markolfstrophe, §. 41, anm. 1.
Für das gymnasialwesen (Wilmanns). 24, 592. Theorie der consonantischen senkung §. 19, anm. 1; §. 20, anm. 2.
Für die österr. gymnasien (Strobl). 27, 881—885. Entstehung der Kudrunstrophe, §. 43, 44.

Wichtigere bemerkungen über den brauch einzelner autoren und dichtungen.

Albrecht von Kemenaten. Bernerton, §. 49.
Albrecht von Scharfenberg. Jüngerer Titurel, §. 48.
Alphart, Strophe, §. 42.
Biterolf. Braucht im reime volle flexionen, §. 29, anm. 4. — Reich an rührenden reimen, §. 31. — Reim, §. 32, III.
Dietmar von Eist. Auftact, §. 25, anm. 2. — Strophe, §. 41.
Eckenliet, s. Albrecht v. Kemenaten.
Freidank. Liebt suchende silben, § 33, anm. — Vorsicht im rührenden reime, §. 31. — Mittelreim, §. 35, II. 3.
Friedrich von Hausen. Reim. § 29, anm. 2*).
Goldemar, s. Albrecht v. Kemenaten.
Gottfried von Neifen. Gedicht aus rührenden reimen, §. 31. — Reimhäufung, §. 34. — Refrain, reimkünste, §. 35.
Gottfried von Straßburc. Betont angeblich tonlose vorsilben, §. 2, anm. 3. — Wendet kürzungen nur sparsam an, §. 11. — Befolgt die regel nicht, dass ë nur -en regiere, §. 19, anm. 1. — Lässt in compositis ausfall der senkung zu. §. 20, anm. 1. — Liebt zweisilbigen auftact, §. 24. — Hat nie überladung des ersten fußes, §. 25.

— Fehlerhafte versschlüsse, §. 28.
— reim -lich : -lich selten, §. 31.
— Vorsicht im rührenden reime, §. 31. — erweiterter reim, §. 33, $d\gamma\alpha\alpha$). — Suchende silben, §. 33, anm. — Verschmäht reimhäufung und reimpaare von 4 hebungen mit klingendem schlusse, §. 34. — Anachrostikon, §. 34 y) — Liebt mittelreim. §. 35, II., 3.
Hartmann von Aue. Starke verkürzung im reime, §. 11. — Synkope, §. 13. — Liebt hiatus nach kurzer stammsilbe, § 5, 11, vermeidet nach langem stamme, §§. 14, 28. — Lässt ë meist -en folgen, §. 19, anm. 1. — Verlängerung der stammsilbe in fremdwörtern, §. 21. — Sorgfalt beim versschluss im Iwein, § 27, 28. — In liedern nur selten klingender reim, §. 29, anm. 2. — -lich im reime, §. 30, anm. 3. — Erec reich an rührenden reimen, §. 31. — Sonst vorsichtig mit rührendem reime, §. 31. — Suchende silben, §. 33 und anm. Reimhäufungen, grammatisch. reim, §. 34. — Abschnitte von 30, §. 39.
Heinrich von Rugge. Leich, §. 50.
Heinrich v. d. Türlin. Reimhäufung §. 34.
Heinrich von Veldeke Unorganische verlängerung im reime,

§. 5, anm. 3 — Lässt tonlosem e auch andere senkung als -n folgen, §. 19, anm. 1. — Wendet zuerst klingenden reim nach fester regel an, §. 29, anm. 2. — Suchende silben, §. 33 und anm. — Grammatischer reim, §. 34.
(Heinrich VI.?),Lieder,§.41, anm.2.
Herbort von Fritzlar. Reimhäufung §. 34.
HerzogErnst(jüng.). Strophe, §.49.
Hugo von Trimberg. Mindere genauigkeit im reime. §. 31. — Erweiterter reim, § 33, d β).
Klage. Lässt starke kürzungen zu, §. 14. — Überladung des ersten Fußes, §. 25. — Reich an rührenden reimen, §. 31. — Reim ê, §. 32, III. anm. — Abschnitte von 30, §. 39.
Konrad Fleck. Inclination von si und sie, §. 12. — Liebt ausfall der senkung, §. 20, anm. 1; zweisilbigen auftact, §. 25, anm. 2; rührenden reim, §. 30, anm. 3; § 31. — Verschmäht reimhäufung, §. 34.
Konrad von Würzburg. Vermeidet freie betonung dreisilbiger, §. 6, A α); §. 6, B r). — mag unde man, §. 11. Vermeidet hiatus, §. 11, anm. 1. — Vermeidet synaloephe im auftact, §. 11, anm. 1, §. 24. — Lehnt im und in nicht an consonantischen auslaut, §. 12. — Synkopen, §. 13. — Sparsam und höchst genau mit kürzungen, §. 14. — Ausfüllung der senkung, §. 20, anm. 1. — Strenge im versschlusse, §§. 27, 28. — Reime e : ê, §. 30 b. — Meidet kurze betonte im reime §. 31. — Duldet endung -isch, §. 31. — Rührender reim, §. 31. Erweiterter reim, §. 33, d γ β β). — Verschmäht reimhäufung und reimpaare von 4 hebungen mit klingen-

dem schlusse, §. 34. — Schlagreim, gebrochener reim, §. 35.
Kudrun. Schwere auftacte, §. 14. — Keine archaiistischen reime, §. 30, anm. 5. — Arm an rührenden reimen, §. 31 — Entwickelung des reimes, §. 32, III. anm. — Arm an suchenden silben, §. 33. — Caesur, §. 36. — Strophe, §. 45.
Kürenberg. Reim, §. 32, III. — Strophe, §. 41. 42.
Laurin. Reim, §. 32, III. anm.
Lohengrin. Strophe, §. 48, anm.
Meerwunder. Strophe, § 49.
Moriz von Cràon. Bindet im reime m : n, §. 30, anm. 2.
Nibelunge nôt. Synaloephe im auftact, §. 11, anm. 1. — Tendenz nach ausfüllung der senkung in den bearbeitungen, §. 20, anm. 1. — Einzelne lieder meiden zweisilbigen auftact, §. 24. — Überladung des ersten fußes, §. 25. — Strenge im versschlusse, §. 27. — Versbau und reim, §. 30, anm. 1. — Reimfreiheiten, §. 30, anm. 2. — Volle formen im reime, §. 30, anm. 4. — Rührender reim, §. 31. — Tonloses e in zwei- und dreisilbigen wörtern reimt stumpf; C fasst diesen reim klingend auf, §. 29, anm. 2; §. 32, III. — Suchende silben, §. 33, anm. — Reimarmut, §. 34. — Caesur, §. 36. — Enjambement, §. 37, II — Caesurreim, §. 38. — Strophe, §.42. — Besondere feinheiten, § 42, anm. 1. — Heptade §. 42.
Neidhart. Dactylen, §. 8, anm. — Unregelmäßige hebung, §. 18, anm. 2. —Ausfall der senkung, §. 20, anm. 1. — Kein zweisilbiger auftact, §. 25. — Vorsicht im rührenden reime, §. 31. — Strophenbau, §. 40.

Ortnit. Strophe, §. 43.
Rabenschlacht. Strophe, §. 46.
Regensburg, Burggraf v. Strophe, §. 41.
Reimar, d. ä. Reich an inclinationen und krasen, §. 14. — Unregelmäßige hebung, §. 18, anm. 2. — Lässt bereits klingenden reim zu, §. 29, anm. 2.
Rosengarten. Strophe, §. 43.
Rudolf von Ems. Ausfüllen der senkung, §. 20, anm. 1. — Anachrostikon, §. 34 y).
Salomon und Markolf. Strophe, §. 41, anm. 1.
Sigenot s. Albrecht von Kemenaten.
Spervogel. Auftact, §. 26, anm. 2. — Reim, § 29. 32, A. III.
Stricker. Reimhäufung, §. 34.
Thomasin. Reimhäufung, §. 34.
Titurel s. Wolfram; s. Albrecht von Scharfenberg.
Ulrich v. Gutenburg. Synaloephe im auftact, §. 25, anm. 2.
Ulrich v. Lichtenstein. Rührender reim, §. 31. — Reimhäufung, §. 34. — Liebt pausen, §. 35, II., 6. — Strophenschluss, §. 40, anm. — Leich, §. 50.
Ulrich von Singenberg. Überschlagender reim, §. 35, II., 4.
Ulrich v. d. Türlin. Reimhäufung, §. 34.

Ulrich von Zazichoven. Verschmäht reimhäufung, §. 34.
Virginal s. Albrecht von Kemenaten
Walther. Ausfall der senkung, §. 20, anm. 1. — Österr. dialect, §. 30, c), — Strenge im rührenden reime, §. 31. — Vermeidet zweideutige reime, §. 30, anm. 3; §. 32, III., anm. — Liebt suchende silben, §. 33, anm. — Reimhäufung, §. 34. — Reimkünste, pausen, körner, § 35. — Leich, §. 50.
Walther und Hildegunde. Strophe, §. 44.
Weinschwelg. Reimbrechung, §. 34, x).
Winsbeke, in. Strophe. §. 49. anm.
Wirnt v. Gravenberg. Reimhäufung. §. 34.
Wolfdietrich. Strophe, §. 43.
Wolfram. Starke kürzungen, §. 14. — Gehobenem e folgt nur -en, §. 19, anm. 1. — Liebt ausfall der senkung, § 20, anm. 1. — Zurückhaltend mit rührendem reime, §. 31 und suchenden silben, §. 33. — Unreiner reim, §. 32, A III. — Verschmäht reimhäufung, §. 34. — Abschnitte von 30, §. 39. — Tageweise, §. 40. — Titurelstrophe, §. 47.

Definitionen.

Die ziffern bezeichnen die seite des buches.

Abgesang 92.
Abschnitte von 30. — 74. 91.
Accent, s. betonung. — versetzter, s. schwebende betonung.
Anachrostikon 77.
Apokope 24. 28.
Arhythmie 38.
Arsis 11. 31.
Aufgesang 92.
Auftact 42.
Ausfall der senkung 36. 106.
Bernerton 113.
Betonung, absteigende 1. 2. — logische 1. 2. — schwebende 3. 43.
Binnenreim 79.
Caesur 83.
Caesurreim 73. 87.
Doppelreim 71.
Einsilbigkeit der senkung 12.
Elision 17. 28. — in der caesur 19. 85.
Enclitica 21. 28.
Enjambement 77. 86.
Hebung 11. 31. — vorletzte 46. 48.
Heptaden 91. 105.
Hiatus 16.
Hildebrandston 107.
Inclination 21. 28. — im reime 68.
Kehrreim 79.
Korn, Körner 80.
Krasis 21. 28.
Kudrunstrophe 103.
Kürze, länge der silben, s. quantitaet.
Leich 116.
Lied 91.
liet 89.
Mittelreim 79.
Nebenton 6. 7.
Nibelungenstrophe 99. 104.
Nibelungenvers 83. 91.
Pausen 80.
Position 5. 38.

Praefigierung 21.
Proclitica 21. 28.
Quantitaet 3. 13.
Rabenschlachtstrophe 109.
Refrain, s. Kehrreim.
Reie, Reihe 91. 95.
Reim 51.
— erweiterter 69.
— gebrochener 80.
— gekreuzter 72.
— gepaarter 72.
— gleitender 52. 67.
— grammatischer 77.
— klingender 52. 66.
— rührender 59.
— stumpfer 52. 63.
— tonloser 64.
— überklingender 67.
— überschlagender 80.
— umschlungener 72.
— unerlaubter 56.
— ungenauer 53.
— versteckter 73.
Reimbrechung 73. 76.
Reimhäufung 74.
Reimverschränkung 73.
rîme, brechen, limen, samenen. 73.
Rolandston 107.
Rhythmus 11.
Schlagreim 79.
Senkung 11. 31. — zweisilbige 13.
— letzte 46. 48.
Spruch 90.
Strophe 89. 92. — lyrische 92. — epische 99.
Strophenbeginn 79.
Stollen 92.
Stummes e 6. 7.
Suchende Silben 71.
Synaeresis 17. 28.
Synaloephe 17. 28.
Synizese 14.
Synkope 24. 28.

Thesis 11. 31.
Tiefton 6.
Titurelstrophe, ältere 110. — jüngere 88. 112.
Ton, s. accent, s. lied (89).
Tonloses e 6. 7. — als hebung 34. 39.
Überladung des ersten fußes 44.
Verschleifung 14. 30.

Verschlingung 14.
Verschmelzung 20. 30.
Vers 11.
Versschluss 45.
Vorreim 79.
Waise 51. 80.
Waltherstrophe 108.
Weise 84. 89.

Nachträge und druckfehler.

Seite 3, Zeile 11 von oben lies: *únkráft* statt *únkraft*
" 6, " 16. Der unter §. 6, 2 n) erwähnte fall ausnahmsweiser betonung *(götinne)* wird mitunter als dritter grad des nebentones (unbetonte silben) aufgeführt; doch ist diese erscheinung nur im ahden. häufiger, im mhden. bereits so selten, dass sie hier mit recht nur unter die ausnahmen gestellt ist.
" 7, " 13 von unten lies: *wúrde* statt *würde*.
" 20, " 12 von oben füge hinzu: Selbst eigentliche synaeresis in der caesur im daktylischen verse:
MSF. 115, 27. *Nû lánge ich mit sânge die zít hân gekündet.*
" 24, " 8 von oben füge hinzu: (Vgl Weinhold, Mhde. gramm. §§. 18. 30.).
" 26, " 3 und 4 von oben tilge *y)* und *z)*.
" 29, " 9 von oben füge hinzu: (Über Konrads metrik, insb. auch ausfall der senkung und zweisilbigen auftact, vgl. WGrimm und Haupt, zu Silvester, HZ. 2, 371—375).
" 38, " 19 von oben füge hinzu: (Theorie der consonantischen senkung).
" 46, " 4 von unten: *Gúntheˆre*, nach Nib. IX. X.
" 46, " 5 von unten lies: waise statt weise.
" 47, " 7 "   "   " synkopierte statt syncopierte.
" 51, " 21 von oben füge hinzu: Besonders wichtig für die geschichte des reimes: Jänickes einl. zum Biterolf, DHB. I. und die ausgaben der Trierer fragmente von Rödiger und Steinmeyer, HZ. 22 f.
" 64, " 14 von unten füge hinzu: Das späteste derartige beispiel scheint zu bieten Virginal (sicher nach 1246):
1083, 1, *Des morgens, dô es tagete,*
diu stat alle erwagete.
Das gedicht gehört zu den epen im volkston; des vfs. vorbild ist der Laurin; er hat öfter für klingenden stumpfen, nie aber im strophenbeginne (s. §. 49) klingenden reim.
" 74, " 11 von unten füge zu frauendienst hinzu: (in den drei *büechlin*).
" 79, " 19 von oben füge hinzu: zu MSF. 181, 14.
" 80, " 2 von unten füge zu Lichtenstein hinzu: (merkwürdiges beispiel: *frouwd.* S. 563, LII.)
" 110, " 2 des beispieles lies: *3 a* statt *4 a*.

www.ingramcontent.com/pod-product-compliance
Lightning Source LLC
Chambersburg PA
CBHW020057170426
43199CB00009B/315